COURS

D'APOLOGÉTIQUE CHRÉTIENNE

par

M. L'ABBÉ ORAIN

Chanoine honoraire

Directeur de l'École Notre-Dame des Aydes

BLOIS

RELIGION EN GÉNÉRAL
DIVINITÉ DE LA RELIGION CHRÉTIENNE
ÉGLISE CATHOLIQUE

Ex Fide et Opere

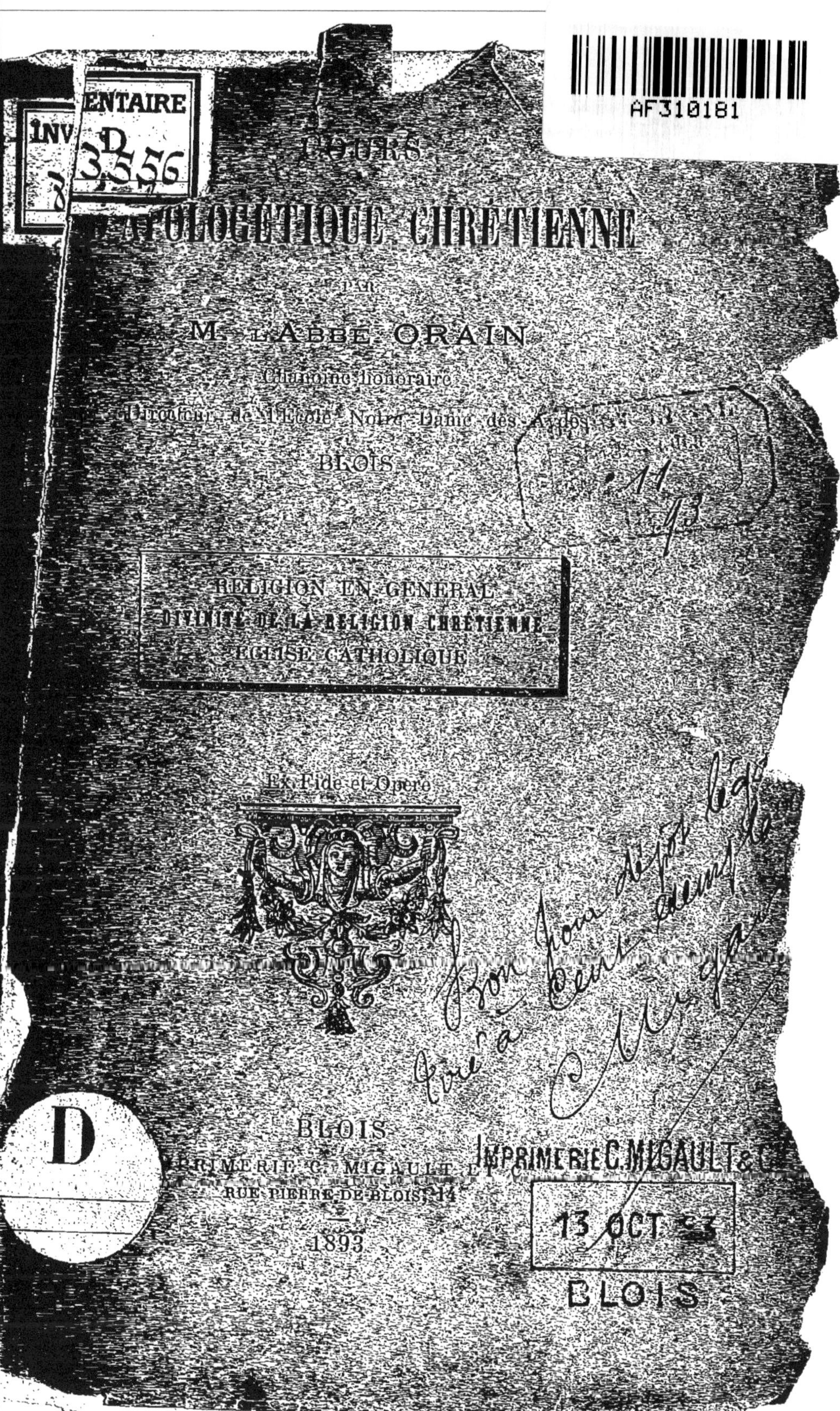

BLOIS
IMPRIMERIE C. MIGAULT ET Cⁱᵉ
RUE PIERRE-DE-BLOIS, 14

1893

COURS

D'APOLOGÉTIQUE CHRÉTIENNE

COURS

D'APOLOGÉTIQUE CHRÉTIENNE

RELIGION EN GÉNÉRAL
DIVINITÉ DE LA RELIGION CHRÉTIENNE
ÉGLISE CATHOLIQUE

Ex Fide et Opere

BLOIS

IMPRIMERIE C. MIGAULT ET Cie

RUE PIERRE-DE-BLOIS, 14

—

1893

LIVRE IER
De la Religion en général

CHAPITRE Ier

Définitions préliminaires

Qu'appelle-t-on cours de religion ?

On appelle cours de religion, la partie de l'enseignement qui a pour objet la science de la religion.

Qu'est-ce que la science de la religion ?

C'est, non pas une connaissance quelconque de la religion, comme celle qui est donnée aux enfants dans les catéchismes, mais une connaissance raisonnée, c'est-à-dire appuyée sur des démonstrations (1).

(1) La religion ayant, comme les autres sciences, ses preuves et ses démonstrations propres, qu'on ne connaît qu'à la condition de les avoir étudiées, il se trouve que bien des gens les ignorent et n'ont de la religion qu'une connaissance superficielle sans en avoir la science. Aussi, quand on entend des personnes tenir des propos contraires à la religion, doit-on se demander quelle est la science religieuse de ces personnes. Un homme, en effet, peut être versé dans le droit civil, l'histoire profane, l'astronomie, la physique, etc., il peut être un officier, un fonctionnaire, un administrateur remarquable et n'avoir jamais sérieusement étudié les questions religieuses. Presque toujours on constatera que la science religieuse de ceux qui attaquent la religion est à peu près nulle et que leurs propos n'ont aucune valeur.

Un autre point important encore quand on se trouve en face de personnes qui écrivent ou parlent contre la religion, c'est de se demander quel est leur degré de vertu. Que de gens dont la vie, soit publique, soit privée, est en complète contradiction avec les préceptes religieux qui touchent à la probité, aux bonnes mœurs, à l'aumône, etc. ! En approuvant la religion ils se condamneraient ; en l'attaquant, ils cherchent à rassurer leur conscience et espèrent justifier leur conduite. Qui ne voit quel peu de considération méritent les critiques de pareils hommes ?

Pourquoi le cours de religion est-il plus important que les autres ?

Parce que les vérités qu'il enseigne nous sont un gage de bonheur en cette vie et dans l'autre, tandis que les sciences que l'on étudie dans les autres cours, ne sont utiles qu'en ce monde.

Qu'est-ce que la religion ?

La religion est, d'après le sens étymologique du mot (*religare :* unir, lier) : le lien moral qui unit l'homme à Dieu, ou encore : l'ensemble des devoirs de l'homme envers Dieu.

Ces devoirs sont, en effet, comme un lien qui nous rattache à Dieu.

Envisagés en eux-mêmes, ces devoirs constituent la religion *objective ;* leur mise en pratique par l'homme, ce qu'on appelle la religion *subjective.*

La religion considérée objectivement comprend deux parties : la partie théorique et la partie pratique.

Qu'est-ce qu'on appelle partie théorique de la religion ?

C'est l'ensemble des *vérités* qui prouvent la nécessité et déterminent la nature de nos devoirs envers Dieu.

Ces vérités sont l'existence de Dieu, créateur, conservateur, législateur, bienfaiteur de l'homme, la spiritualité, la liberté, l'immortalité de l'âme, la distinction du bien et du mal, etc.

Qu'est-ce qu'on appelle partie pratique de la religion ?

C'est l'ensemble de nos *devoirs* envers Dieu : l'adoration, le respect, l'amour, la crainte, la reconnaissance, l'obéissance, etc., et les différents exercices du culte qui sont l'expression de ces divers sentiments.

Qu'appelle-t-on religion vraie ?

On appelle religion vraie, celle qui nous fait connaître Dieu, tel qu'il est, et nos devoirs tels qu'ils doivent être.

Qu'appelle-t-on religion fausse?

On appelle religion fausse celle qui enseigne sur Dieu des choses qui ne correspondent pas à la réalité, par exemple qu'il a un corps, et comprend des pratiques qui ne lui conviennent pas, comme les sacrifices humains.

Qu'appelle-t-on religion naturelle?

On appelle religion naturelle l'ensemble des vérités que l'homme peut connaître avec les *seules lumières de sa raison*, et des devoirs qu'il peut pratiquer avec les seules forces de sa nature.

Qu'appelle-t-on religion surnaturelle?

On appelle religion surnaturelle celle qui comprend des vérités et des préceptes que l'homme connaît par suite d'une *manifestation extraordinaire et gratuite* de Dieu, par exemple la Trinité divine, l'obligation de recevoir le baptême.

Qu'appelle-t-on vertu de religion?

C'est une disposition de l'âme qui nous incline à rendre à Dieu, en raison de l'excellence de sa nature, le culte et les honneurs qui lui sont dus.

Qu'appelle-t-on culte?

C'est l'exercice de la religion, c'est-à-dire l'ensemble des actes par lesquels l'homme remplit ses devoirs envers Dieu.

Le mot culte s'emploie très souvent comme synonyme de religion.

Citez les diverses espèces de culte?

Il y a le culte intérieur, le culte extérieur et le culte public.

Qu'est-ce que le culte intérieur?

Ce sont les actes de religion qui émanent de l'esprit et du cœur, c'est-à-dire de l'âme. Il comprend les sentiments d'adoration, de respect, de soumission, de reconnaissance, de confiance, la prière mentale, etc.

Qu'est-ce que le culte extérieur ?

Ce sont des actes du corps qui manifestent extérieurement les actes intérieurs de religion, par exemple la prière vocale, le chant, des prosternements, des inclinaisons de tête, des sacrifices, des offrandes, des serments, etc.

Qu'est-ce que le culte public ?

Ce sont des actes extérieurs de religion que les hommes accomplissent, non pas comme simples individus, mais comme membres de la société dont ils font partie, c'est-à-dire de concert entre eux et avec l'autorité qui les représente et les gouverne.

Peut-on dire que les devoirs envers soi-même et envers le prochain font partie de la religion ?

Les devoirs envers soi-même et envers le prochain ne font pas partie de la religion à titre d'objet propre et immédiat, puisque l'objet propre et immédiat de la religion ne comprend que les seuls devoirs envers Dieu, mais ils en font partie indirectement *à titre de conséquence*. La religion, en effet, comprend l'amour et l'obéissance à l'égard de Dieu. Or aimerait-on vraiment Dieu, si l'on n'aimait pas ce qu'il aime, et serait-ce lui obéir que de ne pas suivre ses préceptes ? Comme Dieu aime et commande l'accomplissement des devoirs envers soi-même et le prochain, il s'ensuit que la religion exige l'accomplissement de ces devoirs. Ces devoirs font donc partie de la religion, au moins, comme nous l'avons dit, à titre de conséquence.

CHAPITRE II

Nécessité de la Religion [1]

NOTIONS PRÉLIMINAIRES

La religion est-elle nécessaire?

Oui la religion est nécessaire.

Qu'entendez-vous ici par religion?

Nous entendons, non pas la religion révélée que nous n'avons pas en vue pour le moment, mais seulement une connaissance vraie de Dieu, tout au moins dans ses attributs principaux, et la pratique des devoirs imposés à l'homme envers le créateur, devoirs dont nous ne déterminons encore ni la nature ni le nombre.

Pourquoi la religion est-elle nécessaire?

1° Parce qu'elle est essentiellement obligatoire pour l'homme individuel ;

2° Parce qu'elle est la source de toutes les autres obligations morales ;

3° Parce qu'elle est essentiellement obligatoire pour la société civile ;

4° Parce qu'elle est indispensable à la stabilité de la société civile (2).

(1) La démonstration de la nécessité de la religion suppose celle de plusieurs autres vérités, par exemple de l'existence de Dieu, de la liberté humaine, de l'immortalité de l'âme. Comme ces questions sont étudiées dans le cours de philosophie, nous n'en parlerons pas ici.

(2) On pourrait apporter encore en faveur de la religion d'autres raisons, par exemple qu'elle est indispensable au perfectionnement intellectuel et moral de l'homme, que seule elle peut inspirer la patience et le courage à ceux qui souffrent, rendre l'espérance au cœur que le découragement menace d'envahir, etc., etc. Les quelques raisons indiquées ci-dessus sont plus que suffisantes pour établir notre thèse : nous nous bornerons à les développer.

Qu'entendez-vous par ces mots : essentiellement obli-
gatoire ?

J'entends que l'obligation de la religion découle, pour
l'homme, des seules relations de nature qui existent
entre lui et Dieu, et du seul fait de son existence, abstraction faite des avantages que peut lui apporter la
pratique de la religion ou des désavantages que peut
lui causer l'impiété.

ARTICLE 1

La religion est essentiellement obligatoire pour l'homme individuel

Prouvez que la religion est essentiellement obligatoire
pour l'homme individuel.

Nous partagerons nos preuves en deux classes : 1° *Rai-*
sons du côté de Dieu ; — 2° *Raisons du côté de l'homme.*

I. Les raisons du côté de Dieu sont : 1° Ses droits de
Créateur ; 2° L'Excellence de sa nature ; 3° Les exigences
de sa sagesse et de sa justice.

1° *Ses droits.* Dieu étant le créateur, le conservateur
de l'homme et le dispensateur de tous les biens dont il
jouit, a des droits essentiels à son adoration, à son respect, à son obéissance, à sa reconnaissance, etc. Or ces
divers sentiments et les actes qui en découlent constituent la religion, et ces droits essentiels de Dieu engen-
drent une obligation essentielle chez l'homme.

2° *L'Excellence de sa nature.* L'ordre naturel exige que
chaque être soit honoré dans la mesure de l'excellence
de sa nature. C'est pour ce motif qu'une plante est plus
appréciée qu'une pierre ; un animal qu'une plante, un
esprit qu'un corps. C'est en vertu du même principe,
qu'on entoure d'hommages un illustre savant, un artiste
distingué, un général victorieux. Or la nature de Dieu
est par essence d'une excellence infinie, elle est donc
par essence digne de tout honneur et de toute louange.
Elle exige donc essentiellement les adorations et les
hommages de l'homme. Et comme ces adorations et ces
hommages constituent la religion, on peut conclure que

la religion est essentiellement obligatoire pour l'homme.

3° *Les exigences de sa sagesse et de sa justice.* Dieu infiniment juste et sage par essence doit nécessairement exiger partout et toujours ce que réclament la justice et l'ordre. La justice et l'ordre réclament que l'homme rende à Dieu les hommages auquel il a droit. Dieu doit donc les exiger. Or ces hommages constituant la religion et l'homme étant obligé de se soumettre aux exigences divines, il s'ensuit que la religion est obligatoire.

II. Les raisons du côté de l'homme sont : 1° Sa dépendance à l'égard de Dieu, son créateur ; 2° Sa dépendance à l'égard de Dieu, sa fin dernière.

1° *Sa dépendance à l'égard de Dieu, son créateur.* L'homme est tenu d'agir conformément à l'ordre naturel, lequel découle de l'essence des choses, d'après ce premier principe de moralité : *serva ordinem,* observe l'ordre. Or l'homme est dans une dépendance essentielle et totale à l'égard de Dieu qui l'a créé, le conserve et le comble de bienfaits. Il est donc tenu d'agir conformément à cette dépendance. Agir conformément à cette dépendance, c'est rendre à Dieu les devoirs qui constituent la religion. Et, en effet, si, en vertu du principe de dépendance, la soumission est due aux supérieurs, la reconnaissance aux bienfaiteurs, le respect et l'amour au père, les honneurs aux rois, qui ne comprend que l'homme ne doive rendre ces devoirs à Dieu le plus élevé d'entre les supérieurs, le plus tendre des pères, le plus généreux des bienfaiteurs, le plus grand des rois ?

2° *Sa dépendance à l'égard de Dieu, sa fin dernière.* D'après le même principe de moralité, *serva ordinem,* observe l'ordre, l'homme est tenu de tendre à la fin dernière que son créateur lui a fixée. La fin dernière et essentielle de l'homme, c'est Dieu. Or il ne peut l'atteindre qu'en la connaissant et en suivant les voies qui l'y conduiront, autrement dit, qu'en connaissant les vérités qui constituent la religion théorique et en remplissant les devoirs qui constituent la religion pratique.

III. *Argument de sens commun.*

Ajoutez à ces preuves l'argument dit de *sens commun* qui démontre que la religion est une inclination essentielle de la nature de l'homme à laquelle il ne peut, ni, par conséquent, ne doit se soustraire.

Cette tendance essentielle du sens commun se manifeste :

1° Par le recours instinctif à Dieu de tout homme exposé à un grave danger ;

2° Par les sacrifices à la divinité, les temples et les cérémonies qui ont existé chez tous les peuples ;

3° Par les témoignages de savants illustres, comme Plutarque, Cicéron, lesquels affirment qu'il n'existe pas de nation ni de ville sans temples, sans prières, sans oracles, et que la religion est une loi de nature.

4° Par les attaques même des impies qui ne peuvent se taire sur la religion, tant la nature les pousse à s'occuper de la question religieuse.

Objection. Certains ont émis l'opinion que cette croyance universelle n'est qu'un effet de la crainte. Cicéron déjà la réfutait quand il montrait l'impossibilité que ce sentiment de la crainte existât dans tous les temps, dans tous les lieux, chez tous les peuples. Pourquoi, en effet, ne serait-il pas tombé, comme tous les sentiments et toutes les idées sans fondement réel ?

Quelle conclusion pratique peut-on tirer de cette thèse ?

C'est que tout homme, qui vit sans religion : 1° est dans un état habituel de péché grave, à moins qu'une ignorance invincible ne l'excuse, car il manque au premier et au plus essentiel de ses devoirs ; 2° s'expose par là à de justes châtiments qu'il subira tout au moins dans l'autre vie, si tant est que Dieu ne lui fasse pas sentir, dès ce monde, le poids de sa colère.

ARTICLE II

Nécessité du culte intérieur et du culte extérieur

A quels actes s'étend l'obligation de la religion ?

Cette obligation s'étend aux actes compris sous le nom : 1° de *culte intérieur* ; — 2° de *culte extérieur*.

Pourquoi le culte intérieur est-il obligatoire?

Parce qu'il est tout d'abord compris dans l'idée que nous nous faisons de la religion. Il est de toute évidence, en effet, que les sentiments d'adoration, de respect, d'amour, de soumission, etc., sont le culte que Dieu a le droit d'exiger, avant tout, de créatures intelligentes.

Les plus magnifiques démonstrations auxquelles l'esprit et le cœur resteraient étrangers, n'auraient pas plus de valeur que l'hommage inconscient du soleil, des astres et de tout être matériel, et ne répondraient ni aux droits de Dieu sur l'âme, ni aux devoirs de créatures intelligentes.

Pourquoi le culte extérieur est-il obligatoire?

1° Parce que l'homme est obligé à la religion, non comme pur esprit, mais comme composé d'un corps et d'une âme. Ces deux parties du composé humain ont l'une et l'autre, chacune à sa manière, des devoirs à remplir envers leur créateur. Or sans le culte extérieur, comment le corps s'acquitterait-il des devoirs qui lui incombent? Assurément ses actes doivent être vivifiés par les sentiments de l'âme, pour avoir une valeur aux yeux de Dieu, mais ils doivent entrer pour leur part dans le culte divin.

2° Parce que le culte extérieur est utile et même nécessaire pour entretenir le culte intérieur. Sans les pratiques extérieures, en effet, l'homme, comme le prouve l'expérience, abaissé et distrait par les sens, perd vite le goût et la pensée des choses spirituelles.

ARTICLE III

La religion est la source de toutes les autres obligations morales

Prouvez que la religion est la source de toutes les autres obligations morales?

1° La religion ayant Dieu pour objet est le premier et le plus sacré des devoirs. Si l'on enlève à la religion son caractère d'obligation, à quel titre peut-on le conserver à nos autres devoirs qui n'ont pour objet que de simples créatures ?

2° La religion est si intimement et si nécessairement liée à l'existence de Dieu, qu'on ne peut la supprimer sans supprimer Dieu logiquement. Or supprimer Dieu, c'est supprimer par là même toute obligation morale.

En effet, toute obligation morale naît de deux sources : de la nécessité d'une fin à atteindre, ou d'une loi légitime. Comme c'est en Dieu que ces deux sources prennent naissance, on les tarit en supprimant Dieu. Nous allons prouver que l'obligation morale naît : 1° de la nécessité d'une fin à atteindre et que Dieu seul est cette fin ; 2° d'une loi légitime, et qu'il n'en saurait exister qui n'émane de Dieu. La conclusion se tirera d'elle-même.

1° *L'obligation morale naît de la nécessité d'une fin à atteindre, et Dieu seul est cette fin.* Il n'y a pas, en effet, d'obligation à rechercher une fin, un bien, dont on peut se passer et les moyens ne sont obligatoires qu'autant qu'ils sont absolument liés à une fin nécessaire. Or il n'y a que Dieu qui soit pour l'homme une fin nécessaire, parce que Dieu, étant seul infini et pouvant seul lui procurer la béatitude c'est-à-dire, la pleine satisfaction des puissances de son âme à laquelle il tend irrésistiblement, est le seul bien auquel il ne peut renoncer, sans renoncer à jamais atteindre la béatitude et partant sans agir déraisonnablement.

Les autres biens en dehors de Dieu ne sauraient revêtir le caractère de fin nécessaire. L'homme en effet peut renoncer à les posséder sans agir déraisonnablement, puisqu'ils sont tous finis, incapables même dans leur totalité de lui procurer la béatitude, et qu'il peut trouver, dans la possession de tel ou tel, des avantages qui compensent la perte de tel ou tel autre.

La suppression de Dieu entraîne donc la suppression de toute fin nécessaire, partant de tout moyen obligatoire, partant enfin de toute obligation réelle.

Il n'existe plus que des obligations relatives à des fins qu'on se propose selon son bon plaisir et qui ne sont pas de réelles obligations.

2° *L'obligation morale naît d'une loi légitime, et il n'en saurait exister qui n'émane de Dieu.* Saint Paul a dit : « Quand il n'y a pas de loi, il n'y a pas de violation de la loi. » Or Dieu a seul, par lui-même, comme créateur et maître de toutes choses, un véritable domaine sur les créatures, seul il a par lui-même, à ce titre, le droit de faire des lois. Les autres législateurs n'ont sur les hommes qu'un pouvoir emprunté et leurs lois n'ont de valeur que celle que leur communique la volonté divine. Or Dieu supprimé, il n'y a plus ni législateur ayant autorité, ni par conséquent de loi légitime.

Il n'y a plus de *loi éternelle* puisqu'elle est : l'acte de la volonté divine imposant l'ordre essentiel aux créatures raisonnables. Plus de *loi naturelle* qui n'est que la loi éternelle connue par la raison. D'où, en effet, la loi naturelle tirerait-elle, si ce n'est de la loi éternelle, la nécessité qui engendre l'obligation ? De la raison ? Mais la raison ne saurait être la cause suprême de l'obligation morale. Elle se déterminerait, en effet, dans ses préceptes, ou librement ou nécessairement. Si elle se déterminait librement, il n'y aurait plus de distinction essentielle entre le bien et le mal, ce qui est en contradiction avec les données de la conscience et le sens commun, et la raison s'imposant elle-même librement des lois, ne s'obligerait pas, car elle pourrait sans cesse rapporter les lois qu'elle aurait décrétées précédemment. Si elle se déterminait nécessairement, c'est qu'elle serait liée antérieurement à ses propres prescriptions ; et, dès lors, elle ne serait plus la cause première et suprême de l'obligation morale.

Dira-t-on que c'est la vue de l'ordre essentiel des choses qui lie la raison ? Mais étant donné que Dieu, fin essentielle de tous les êtres est supprimé, il n'existe plus d'ordre essentiel ; tout devient particulier, relatif, changeant. — De plus comment la vue de l'ordre pourrait-elle engendrer l'obligation ? Son maintien, abstraction faite de Dieu, ne procure à l'homme que des biens finis, auxquels il peut renoncer à son gré, sous la seule sanction d'une privation finie.

L'ordre essentiel est le fondement de l'obligation, il n'en est pas la cause. La cause, le principe de l'obliga-

tion, avons-nous dit, c'est la volonté de Dieu et la nécessité où est l'homme de le posséder, par conséquent
de le chercher, pour être pleinement heureux.

4° Plus de *loi humaine*. Les lois humaines n'ont, en
effet, de valeur intrinsèque qu'autant que les choses
qu'elles prescrivent le sont déjà par la loi éternelle ou
du moins qu'elles sont en harmonie avec elle et que
l'autorité du législateur est appuyée sur cette loi qui
commande de lui obéir pour le bien public. Dieu supprimé, il n'y a donc plus de loi; il n'y a donc plus
aucune obligation. Il est donc vrai de dire, puisque
Dieu supprimé, il n'y a plus ni fin nécessaire, ni loi,
que Dieu et la religion sont la source de toutes les
obligations.

Terminons en citant à l'appui de cette vérité la condamnation par Pie IX de la proposition LVI du *Syllabus* :
« Les lois de la morale ont besoin de la sanction divine,
« et il est nécessaire que les lois humaines reçoivent de
« Dieu leur force obligatoire. » Et ces paroles que le
spectacle de la corruption du siècle arrachait à
Léon XIII : « Combien la morale qui ne fait aucune
« place aux idées religieuses est insuffisante et fléchit
« sous le souffle des passions, on le peut voir assez
« par les résultats qu'elle a déjà donnés. Là où elle a
« commencé à régner avec plus de liberté, on a vu
« promptement dépérir la probité et l'intégrité des
« mœurs, grandir et se fortifier les opinions les plus
« monstrueuses, et l'audace des crimes partout
« déborder (1). »

Quelle conclusion pratique peut-on tirer de cette thèse ?

C'est que la morale dite *indépendante*, c'est-à-dire
édifiée en dehors de Dieu, est une chimère.

Nous venons de voir qu'une morale qui n'a pas Dieu
pour principe n'est pas obligatoire. La répartition des
biens et des maux en cette vie, répartition si peu en
rapport avec le mérite des justes et le démérite des
hommes criminels prouve qu'ici-bas elle n'a pas de
sanction suffisante. Pourquoi donc obéir à des lois qui

(1) Léon XIII. *Encycl. Humanum genus.*

n'obligent pas et dont l'accomplissement ou la violation n'entraîne ni récompense ni châtiment assuré ?

La pensée de Dieu est souvent impuissante à maintenir dans le devoir ; combien il y a lieu de douter, en dépit de certaines exceptions heureuses, de la vertu de quiconque rejette l'autorité divine et se soustrait aux salutaires influences des croyances religieuses !

ARTICLE IV

La religion est essentiellement obligatoire pour la Société civile (1)

Prouvez que la religion est essentiellement obligatoire pour la société civile.

I. *Pour la société en général* (gouvernements et sujets).

1° Le principe de l'obligation de la religion pour l'homme individuel, avons-nous dit, résulte des droits de Dieu et de sa dépendance essentielle envers son Créateur. C'est le même principe d'obligation qui existe pour la société. Elle constitue, en effet, une personne morale que Dieu a créée, qu'il conserve, comble de bienfaits, peut châtier, et à tous ces titres, entièrement dépendante de lui. Dieu a donc sur la société les mêmes droits que sur l'homme individuel, et celle-ci a les mêmes devoirs envers Dieu que l'homme individuel. Or la société comprenant deux éléments, *l'autorité,* qu'elle se compose d'un seul homme ou de plusieurs, et *la multitude* qui lui est soumise, tous les deux sont tenus d'accomplir, de la manière qui convient à chacun, les devoirs religieux d'adoration, d'amour, de reconnaissance, de culte extérieur qui s'imposent à la société, l'autorité en donnant l'impulsion, la multitude en la suivant.

2° La religion étant la première et la plus grave des obligations, l'amour que tous les hommes doivent avoir pour Dieu et leurs semblables exige qu'ils

____

(1) Cette thèse se confond avec celle de la « *nécessité du culte public* » qui se prouve par les mêmes arguments.

l'empêchent de disparaître et même de s'affaiblir. Or l'histoire démontre que, sans le culte public, c'est-à-dire sans un culte auquel s'associent les autorités et qu'elles encouragent, les habitudes et les idées religieuses finissent par diminuer dans les multitudes, tandis qu'au contraire elles se propagent avec les solennités officielles.

3° La pratique du genre humain, chez qui partout et toujours nous trouvons des prières, des cérémonies et des sacrifices officiels, prouve que le culte public est une loi innée dans l'homme, comme l'inclination qui le porte à vivre en société.

II. *Pour les pouvoirs publics.* 1° Les pouvoirs publics, qu'ils se composent d'un seul homme ou de plusieurs, représentent la société et sont par conséquent responsables des devoirs qui lui incombent. Ils sont donc d'abord obligés aux devoirs de religion, lesquels s'imposent avant tous les autres à la société. A ce titre, ils sont tenus de manifester des sentiments de foi, d'adoration, de soumission, de reconnaissance envers Dieu, et de favoriser dans le peuple la pratique des devoirs religieux.

2° Il doit y avoir subordination entre l'action de l'autorité et les exigences du perfectionnement moral et de la fin dernière des citoyens. Dieu, en effet, qui a fondé la société pour le bien de l'homme, a voulu, 1° qu'elle ne fût pas une entrave à son perfectionnement soit physique, soit moral et à la réalisation de sa fin dernière ; 2° qu'il y trouvât les secours nécessaires à la réalisation de son perfectionnement moral aussi bien que physique, et de sa fin dernière. Or si l'autorité faisait abstraction de la religion, elle s'exposerait à prendre des mesures, parfois peut-être favorables en apparence au bien de la société, mais qui seraient contraires à son perfectionnement moral et à sa fin dernière.

3° Les pouvoirs publics essentiellement obligés de pourvoir à la stabilité de la société sont obligés de recourir aux moyens qui sont indispensables pour maintenir cette stabilité ; or la religion, comme nous le prouvons ci-dessous, est indispensable à cette stabilité. Les pouvoirs publics sont donc tenus de la protéger et d'en favoriser l'exercice dans le peuple qui leur est confié.

C'est cette vérité de l'obligation de la religion pour les sociétés, que le pape Léon XIII, gardien des vérités naturelles comme des vérités surnaturelles, proclamait quand il écrivait dans la célèbre Encyclique *Immortale Dei.* « Si la nature et la raison nous im-
« posent à chacun l'obligation d'honorer Dieu parce que
« nous dépendons de sa puissance, et que, issus de lui,
« nous devons retourner à lui, elles astreignent à la
« même loi la société civile. Les hommes, en effet, unis
« par les liens d'une société commune, ne dépendent
« pas moins de Dieu, que pris isolément...... Les
« sociétés politiques ne peuvent donc, sans crime, se
« conduire comme si Dieu n'existait en aucune ma-
« nière, ou se passer de la religion... Les chefs d'États
« doivent tenir pour saint le nom de Dieu et mettre au
« nombre de leurs principaux devoirs celui de favori-
« ser la religion. »

Quelle conclusion pratique peut-on tirer de cette thèse ?

C'est qu'une société qui refuse de rendre à Dieu le culte public qu'elle lui doit, encourt sa colère et les sévérités de sa justice. Elle s'expose aux fléaux dont Dieu se sert pour châtier les nations coupables : la défaite dans la guerre, les épidémies, la perte des récoltes, la division des esprits, etc.

ARTICLE V

La religion est nécessaire à la stabilité de la Société

Prouvez que la religion est nécessaire à la stabilité de la société civile.

1° La société civile ne peut subsister sans la pratique de la justice, de la fidélité aux engagements, de l'amour mutuel, de l'obéissance aux lois et aux souverains, du respect des souverains pour leurs sujets, etc. Ces différents devoirs sociaux ne sauraient être remplis, s'il n'y a une véritable obligation de les remplir. Pourquoi, en effet, se soumettrait-on à des devoirs auxquels la conscience n'oblige pas ? Or, comme on l'a démontré ci-dessus (page 13), nulle obligation ne subsiste, si l'on supprime la religion.

2° Ces devoirs sociaux ne sauraient être remplis s'ils ne s'appuient sur une sanction suffisante. Or supprimez la religion qui implique l'idée d'un Dieu témoin de nos actes, vengeur du crime et rémunérateur de la vertu, vous n'avez plus de sanction suffisante. Qui ne voit, en effet, qu'il est impossible que tous les citoyens honnêtes soient récompensés sur la terre et les gens pervers châtiés ? Combien de bonnes actions ne peuvent arriver à la connaissance du souverain, combien sont dénaturées par la calomnie ? Que de criminels échappent aux châtiments qu'ils méritent, grâce à l'habileté avec laquelle ils se cachent ou aux moyens de corruption qu'ils emploient ? Dès lors quel motif pour les citoyens de préférer le bien public à leur propre intérêt ? Quel principe empêchera le pouvoir d'être faible ou tyrannique, rendra les sujets respectueux et soumis ? En appellera-t-on aux lois ? Quelle obligation engendrent-elles, si elles émanent d'un législateur sans autorité ? A l'honneur ? Pourquoi l'emporterait-il sur l'amour du bien-être ? A la conscience ? Elle ne peut être aux yeux de l'incrédule qu'un préjugé odieux, et l'homme qui ne se sent pas sous le regard de Dieu, en étouffe facilement la voix.

Dieu supprimé, c'est l'anarchie dans la société ou le règne avilissant et souvent impuissant de la force.

3° Cette doctrine de la nécessité de la religion pour le maintien des sociétés est confirmée par les témoignages des hommes les plus aptes à connaître ce qui est nécessaire à l'existence d'une société, les philosophes et les législateurs, tels que Lycurgue, Pythagore, Solon, Anacharsis, Numa, Platon, Cicéron, Montesquieu, J.-J. Rousseau, etc. En voici quelques-uns :

« Détruire la religion, écrivait Platon, c'est renver-
« ser le fondement de toute société humaine. » —

« On bâtirait plutôt une ville dans les airs, disait
« Plutarque, que de constituer un État en ôtant la
« croyance des Dieux. » — « Ecoutons Machiavel :
« Les princes et les républiques qui veulent se main-
« tenir à l'abri de toute corruption, doivent, sur toutes
« choses, conserver, dans toute sa pureté, la religion,
« ses cérémonies, et entretenir le respect dû à leur
« sainteté, parce qu'il n'y a pas de signe plus assuré
« de la ruine d'un État, que le mépris du culte di-
« vin. (1) »

« La morale sans dogmes (c'est-à-dire sans la
« croyance en Dieu, en l'immortalité de l'âme, et l'éter-
« nité des récompenses et des peines), a dit Portalis, ne
« serait qu'une justice sans tribunaux ; et il ajoutait :
« Je le dis pour le bien de ma patric, je le dis pour le
« bonheur de la génération présente, et pour celui des
« générations à venir, le scepticisme outré, l'esprit
« d'irréligion transformé en système politique, est
« plus près de la barbarie qu'on ne pense. (2) »

4° La nécessité de la religion pour maintenir la stabilité dans la société est enfin confirmée par l'expérience. Il suffit de consulter l'histoire pour voir dans
quelle décadence morale tombent les peuples au fur et
à mesure que les citoyens abandonnent la religion.
Nos sociétés contemporaines en sont un exemple
frappant.

*Quelle conclusion pratique peut-on tirer de cette
thèse ?*

C'est que les gouvernements et les hommes, qui se
montrent hostiles à la religion, concourent par là
même à précipiter leur pays dans l'immoralité, l'anarchie et la ruine.

____

(1) Discours sur la première décade de Tite-Live, Liv. I,
Chap XII, Traduct. Giraudet.
(2) Discours et travaux inédits, pp. 4 et 15, Paris 1845.

ARTICLE VI

Institutions qui découlent du Culte extérieur et public

Dites les principales institutions pratiques qui découlent de la nécessité du culte extérieur et public.

Parmi ces principales institutions, nous citerons les assemblées religieuses, le sacerdoce, des jours consacrés, des temples, les cérémonies sacrées à l'intérieur des églises et au dehors, etc. ; et comme la plupart de ces diverses institutions ne peuvent se fonder ni être entretenues sans frais, on comprend que la nécessité de la religion impose aux fidèles le devoir rigoureux de contribuer de leur argent aux dépenses qu'exige l'exercice du culte.

CHAPITRE III

De la Révélation

Il suit de la nécessité de la religion que nous venons d'établir, qu'il doit exister une religion tout au moins naturelle. La question qui se pose maintenant, est celle-ci : existe-t-il une religion surnaturelle? La religion surnaturelle supposant la révélation divine, nous sommes amenés à rechercher s'il a existé une révélation divine. Avant d'aborder la question de fait, disons ce qu'on entend par révélation divine et quel peut être son objet. Nous résoudrons ensuite plusieurs questions contre lesquelles les incrédules (1) s'inscrivent en faux, par exemple sa possibilité, son utilité, sa nécessité et la possibilité de la reconnaître.

ARTICLE 1er

Nature et Objet de la Révélation

Qu'est-ce que la révélation divine?

La révélation (*remotio veli*, écartement d'un voile, d'où manifestation d'une chose cachée) est la manifestation d'une vérité quelconque faite par Dieu.

Combien distingue-t-on de sortes de révélations divines?

On en distingue deux sortes : la révélation divine naturelle qui est une révélation improprement dite, et la révélation divine surnaturelle.

(1) Les incrédules, dont il est ici question, sont les *Rationalistes* qui admettent la raison comme source unique de toute connaissance, à l'exclusion de la révélation et de la foi. On leur donne encore le nom de *Naturalistes*. En effet, le naturalisme niant l'ordre surnaturel, c'est-à-dire la fin surnaturelle de l'homme et les moyens également surnaturels que Dieu lui accorde en vue de cette fin, et la révélation étant la voie qui nous fait connaître cette fin et ces moyens, il s'ensuit que les naturalistes rejettent la révélation comme les rationalistes.

Qu'est-ce que la révélation divine naturelle?

C'est la manifestation d'une vérité quelconque que Dieu fait à l'homme *par l'intermédiaire de la raison.*

Elle a lieu lorsque dans l'exercice des seules facultés intellectuelles naturelles qui lui ont été départies, l'homme s'élève de la contemplation et de l'étude des choses créées, à la connaissance du Créateur et de certaines autres vérités. On l'appelle divine parce qu'elle vient toujours de Dieu, auteur des facultés humaines et des choses créées.

Qu'est-ce que la révélation divine surnaturelle?

C'est la manifestation d'une vérité quelconque que Dieu fait à l'homme non pas par l'intermédiaire de la raison, mais *en lui parlant directement.*

La révélation peut être *immédiate* ou *médiate.*

Pourquoi lui donne-t-on le nom de surnaturelle?

Parce qu'elle est un mode de connaissance au-dessus de ce que la raison humaine est en droit d'exiger.

Des communications directes entre Dieu et l'homme ne peuvent exister qu'en vertu d'une faveur divine toute gratuite.

On lui donne encore le nom de surnaturelle parce que l'objet de la révélation peut être et est souvent par lui-même inaccessible à la raison.

Le mot révélation s'emploie encore pour exprimer l'ensemble des vérités manifestées.

La révélation divine surnaturelle est la révélation proprement dite.

Qu'appelle-t-on révélation immédiate?

Celle que Dieu fait en parlant lui-même à quelqu'un. La révélation faite par Dieu à Moïse, dans le buisson ardent ou sur le mont Sinaï, est immédiate.

Qu'appelle-t-on révélation médiate?

Celle que Dieu fait par l'intermédiaire d'un représentant auquel il a parlé directement. La révélation divine faite aux Hébreux par l'intermédiaire de Moïse est médiate.

Quel peut être l'objet de la révélation ?

L'objet de la révélation peut comprendre :

1° Des vérités à la connaissance desquelles la raison peut arriver par ses seules forces naturelles, par exemple la liberté humaine, l'immortalité de l'âme, etc.

2° Des vérités qu'elle ne pourrait connaître si Dieu ne les lui manifestait, par exemple qu'il y a trois personnes en Dieu ; ces vérités s'appellent *mystères*.

3° Des préceptes déjà contenus dans la loi naturelle, comme d'adorer Dieu, de respecter la vie d'autrui, ou différents de ceux de la loi naturelle, comme de recevoir les Sacrements.

ARTICLE II

Possibilité de la Révélation

§ 1ᵉʳ. DE LA RÉVÉLATION EN GÉNÉRAL

La révélation divine est-elle possible ?

Oui la révélation divine est possible, aussi bien la révélation divine *immédiate* que la révélation divine *médiate*.

Prouvez la possibilité de la révélation divine immédiate ?

Si la révélation divine immédiate n'était pas possible, l'impossibilité viendrait de Dieu, de l'homme ou des choses révélées.

1° *Elle ne vient pas de Dieu.* Si, en effet, l'homme peut révéler ses pensées, comment Dieu ne le pourrait-il pas ? Si un maître peut communiquer ses ordres à ses serviteurs, un père donner des conseils à ses fils, un docteur enseigner une science, comment Dieu, le maître, le père, le docteur par excellence, de qui émane tout moyen de communication, ne pourrait-il pas, par des signes perceptibles à ses sens, des symboles qui frappent son imagination, des idées qui agissent sur son esprit, un don particulier d'intelligence, communiquer à l'homme ses pensées, ses conseils ou ses ordres ?

2° *Elle ne vient pas de l'homme.* L'homme possède des facultés capables de connaître la vérité ; s'il peut la connaître quand elle lui vient des hommes, pourquoi ne le pourrait-il pas si elle lui est enseignée par Dieu ? Et s'il peut savoir que telle ou telle connaissance lui vient de ses lectures, de son expérience, de ses réflexions ou de l'enseignement oral d'un homme, pourquoi ne discernerait-il pas que certaines vérités, c'est de Dieu qu'il les reçoit.

3° *Elle né vient pas des choses révélées.* Les choses révélées sont des vérités. A ce titre elle sont susceptibles d'être connues, dans la mesure où elles sont mises en lumière. Le fait que ce soit Dieu qui nous les manifeste ne change pas leur nature.

4° Tous les peuples ont admis des révélations divines. Or, s'il n'y avait jamais eu de vraie révélation, comment des hommes, sans culture intellectuelle, auraient-ils pu s'élever à la supposition et à la conviction d'une intervention immédiate de la divinité ? D'ailleurs est-il admissible que, dans une question si importante, la raison ait été aussi universellement et aussi absolument induite en erreur ?

Il n'est pas, du reste, permis à un catholique de contester la possibilité de la révélation divine : « Si « quelqu'un, dit le Concile du Vatican, prétend qu'il ne « peut pas se faire ou qu'il ne convient pas que l'homme « soit instruit par la révélation divine sur Dieu et sur « le culte qui doit lui être rendu, qu'il soit anathème. (1) »

Prouvez la possibilité de la révélation divine médiate ?

Une fois la possibilité de la révélation immédiate établie, pour que la révélation médiate soit possible, il suffit :

1° Que le dépositaire d'une révélation immédiate puisse la transmettre fidèlement.

(1) II Can. de la Révél.

2° Qu'il puisse prouver la réalité de la révélation dont il se dit dépositaire.

Or personne ne contestera que la première condition ne soit réalisable. Quant à la seconde, elle le sera, si celui qui se pose comme l'envoyé de Dieu peut produire un signe certain de sa mission. Il est facile à un roi de la terre de donner à son représentant des preuves authentiques et évidentes de sa mission, comment Dieu, le roi des rois, ne le pourrait-il pas ?

§ 2. DE LA RÉVÉLATION DES MYSTÈRES

La révélation peut-elle comprendre des mystères ?

Oui, la révélation peut comprendre des mystères.

Qu'appelle-t-on mystères ?

On appelle généralement mystères (μυστήριον, chose cachée), toute vérité inconnue ou difficilement accessible à la raison humaine, même dans le domaine des choses terrestres : ainsi le nombre des étoiles, les êtres que renferme l'Océan, les pensées intimes d'un homme. Mais la dénomination de *mystères proprement dits* ne convient qu'à des vérités divinement révélées et qui sont inaccessibles par elles-mêmes à la raison, par exemple, qu'il y a trois personnes en Dieu.

Comment prouvez-vous que la révélation peut comprendre des mystères ?

En prouvant : 1° qu'il en existe ; 2° qu'ils peuvent être manifestés.

Prouvez qu'il existe des mystères.

Il y a dans le monde sensible une foule de propriétés et de lois qui nous sont inconnues. Partout un voile épais nous recouvre la nature intime des choses. « Je « connais les lois de l'attraction, disait Newton, mais si « l'on me demande qu'est-ce que l'attraction, je n'ai « pas de réponse à donner. » « Ce qu'est la force vitale, « dit Burmeister, nous ne le savons pas, pas plus que « nous savons ce qu'est la force en soi. » « La lumière, « dit Ulrici, reste, dans sa nature, le plus mystérieux

« et le plus inconnu des phénomènes. » Qui comprend complètement le sommeil, la fatigue, le plaisir, le commerce des intelligences ? Si le mystère est partout dans le monde des choses sensibles, comment ne serait-il pas dans la nature invisible, incréée, infinie ?

2° Nous ne connaissons Dieu et ses attributs que par les créatures. Or les créatures resteront toujours à une infinie distance de la perfection de leur cause, c'est-à-dire Dieu, et la voie d'élimination et de suréminence à laquelle nous avons recours pour nous en faire une idée, ne nous permettra jamais de percer les ténèbres épaisses qui le dérobent nécessairement à nos yeux.

3° Une intelligence supérieure en perspicacité et en étendue à d'autres intelligences comprend des vérités auxquelles celles-ci ne sauraient atteindre. Ainsi les savants se rendent compte d'une foule de questions subtiles de philosophie ou de sciences qui sont au-dessus de la compréhension des esprits vulgaires. L'intelligence de Dieu infiniment supérieure aux intelligences créées doit donc posséder des connaissances qui dépassent la puissance intellectuelle de l'homme. C'est l'objet de ces connaissances que nous nommons mystères. Il existe donc des mystères.

Prouvez que les mystères peuvent être manifestés.

Que les mystères puissent être manifestés, rien de plus évident. Tous les jours les maîtres enseignent à leurs disciples des choses que ceux-ci ignoraient et leur font connaître des faits, dont l'explication dépasse leur intelligence. Pourquoi Dieu ne pourrait-il pas nous instruire de vérités qui sont au-dessus de notre raison ? Les mystères, il est vrai, ne peuvent pas nous être manifestés dans leur essence, mais c'est une connaissance réelle, quoique incomplète, que de savoir qu'une chose existe, et telle est la connaissance que nous pouvons avoir des mystères.

Le Concile du Vatican s'est encore prononcé de la façon la plus formelle sur cette question en déclarant, non pas seulement que Dieu peut révéler des mystères, mais que, de fait, il en a révélé : « Si quelqu'un dit que, dans la révélation divine, il n'y a aucun mystère vrai et proprement dit, mais que tous les dogmes de la foi peuvent être compris et démontrés par la raison convenablement cultivée, au moyen des principes naturels, qu'il soit anathème (1) ».

Sous quel rapport la révélation nous fait-elle connaître les Mystères ?

Sous le rapport de leur *existence*. Ainsi cette proposition : il y a trois personnes en Dieu, nous fait connaître un fait que nous n'aurions jamais découvert par les seules forces de notre raison, à savoir qu'il existe trois personnes divines.

Qu'on ne dise pas que les termes qui énoncent les Mystères sont vides de sens, et n'excitent aucune idée dans notre esprit. Ce sont des termes que nous comprenons, puisque nous en faisons un usage continuel. Tels sont, dans le mystère de la sainte Trinité, ceux de nature, personne, un, trois, Dieu. Ces mots nous donnent des Mystères des idées, sinon propres, au moins analogues à d'autres que nous possédons, et qui nous permettent de savoir ce qui est proposé à notre foi. Quand nous disons : il y a en Dieu une seule nature et trois personnes, nous comprenons et les termes et le lien de convenance qui unit l'attribut au sujet et nous essayons même de traduire ce mystère par des comparaisons de l'ordre naturel : celles, par exemple, de l'âme qui est à la fois intelligence, sensibilité et volonté, du triangle qui est composé de trois côtés, de la feuille de trèfle qui comprend trois folioles, etc. (2).

Sous quel rapport les Mystères restent-ils incompréhensibles, même après la révélation ?

Sous celui de leur *essence*, c'est-à-dire de leur nature intime, de la façon dont l'attribut convient au sujet.

(1) De la Foi et de la raison.

(2) Ecoutons le concile du Vatican : « Lorsque la raison éclairée par la foi, fait ses investigations avec soin, avec piété et prudence, elle parvient avec l'aide de Dieu, à certaine intelligence très fructueuse des mystères, tant par l'analogie des choses qu'elle connaît naturellement que par le rapport des mystères entre eux et avec la fin dernière de l'homme ». Ch. IV, de la Foi et de la raison.

Ainsi dans le mystère de la Sainte-Trinité, pourquoi et comment trois personnes ne sont-elles qu'un seul Dieu ? La révélation ne nous l'apprend pas. Cette convenance de l'attribut avec le sujet s'impose à nous par autorité, nullement par son évidence intrinsèque (1).

Quelle différence y a-t-il entre ces mots au-dessus de la raison et contraire à la raison ?

Ces mots *au dessus de la raison* s'appliquent à des propositions dont les termes, à savoir le sujet et l'attribut, ne renferment entre eux aucune répugnance évidente, mais dont la raison, par défaut de capacité, ne peut saisir la convenance. Ces mots *contraire à la raison* signifient que les termes d'une proposition renferment entre eux une contradiction évidente pour la raison, comme par exemple dans cette proposition : un *cercle* est *carré*.

Est-il raisonnable de rejeter les Mystères parce qu'on ne les comprend pas ?

Nullement, car alors il serait raisonnable de rejeter, pour le même motif, tous les mystères de la nature, et tout homme illettré agirait raisonnablement en refusant d'admettre la plupart des faits et des vérités que les savants lui enseignent.

Signalez deux erreurs auxquelles on se laisse fréquemment aller dans la question des Mystères ?

L'une consiste à vouloir comprendre la nature intime des Mystères, leur *essence*, quand nous n'en pouvons connaître que l'*existence* et devons nous borner à l'idée imparfaite que peut nous en donner leur analogie avec certains faits ou certaines vérités de l'ordre naturel.

(1) Voici les paroles du Concile du Vatican sur cette question : « La raison ne devient jamais apte à percevoir les Mystères comme elle perçoit les vérités qui constituent son objet propre, car les Mystères surpassent tellement par leur nature l'intelligence créée, que, même pour ceux qui les ont connus par la révélation et acceptés par la foi, ils demeurent encore couverts du voile de la foi elle-même, et comme enveloppés d'une certaine obscurité, tant que nous voyageons en étrangers dans cette vie mortelle. Chap. IV.

La seconde à ne pas garder leur vrai sens aux termes qui les expriment. Ainsi on soutiendra que le mystère de la Sainte-Trinité est inadmissible, parce que *un* ne peut pas être la même chose que *trois*. Ce mystère serait, en effet, contraire à la raison, si *un* et *trois* s'appliquaient à des termes de même sens, si l'on affirmait qu'en Dieu *trois natures* forment *une seule et même nature*, ou *qu'une seule personne* forme *trois personnes*. Mais un et trois s'appliquent à des termes de sens différent ; il y a un Dieu en trois *personnes* dans une seule et même *nature*. Les mots personne et nature n'ont pas la même signification et ne se contredisent nullement.

§ 3. DE LA RÉVÉLATION DES PRÉCEPTES

La révélation peut-elle comprendre des préceptes autres que ceux de la loi naturelle ?

Oui ; si Dieu, en effet, ne pouvait pas imposer d'autres préceptes que ceux de la loi naturelle, ce serait parce que sa justice, sa sagesse ou sa bonté s'y opposent.

Or 1° *sa justice* ne s'y oppose pas. Dieu possède tous droits sur les hommes qu'il a tirés du néant, et les hommes n'ont de droits à l'égard de Dieu que ceux qui découleraient de ses promesses. Dieu n'a jamais promis de ne pas ajouter de nouveaux préceptes à ceux de la loi naturelle.

2° Ni *sa sagesse*. Des lois qui rendent plus facile et plus assurée l'observation de la loi naturelle, loin d'être en opposition avec la sagesse divine, en sont une nouvelle manifestation. C'est précisément ce que font les lois positives, surtout en ce qui concerne le culte divin que la loi naturelle ne détermine que d'une façon très vague.

3° *Ni sa bonté.* La loi positive ajoute un nouveau fardeau aux épaules humaines et restreint sa liberté. Mais si le bien qui résulte de la loi positive l'emporte de beaucoup sur le mal qu'entraînent de nouvelles obligations, bien loin qu'elles soient en opposition avec la bonté de Dieu, ces lois positives en sont une nouvelle et haute manifestation.

C'est précisément ce qui a lieu pour les lois révélées. Elles concourent puissamment, en facilitant l'observation de la loi naturelle, au perfectionnement et au bonheur de l'homme et de la société.

ARTICLE III

Utilité de la Révélation

La révélation des vérités soit naturelles soit surnaturelles est-elle utile à l'homme ?

Assurément, pour les motifs suivants :

1° *S'il s'agit des vérités naturelles.*

1° La révélation est un enseignement de la vérité ; or tout enseignement de la vérité, d'où qu'il vienne, est utile à l'homme, celui surtout qui a pour objet des vérités souverainement importantes, telles que sont les vérités naturelles qu'il a plu à Dieu de nous révéler.

2° Ces vérités, venant d'un maître dont la science et la véracité sont infinies, revêtent pour nous un caractère *de certitude absolue* auquel la seule raison n'arrive que rarement.

3° Elle est pour le genre humain *la méthode* qui le conduit *le plus promptement* à la connaissance de la vérité. Elle n'exige, en effet, que la foi fondée sur l'autorité du témoignage.

Combien peu d'hommes, par manque de temps, d'intelligence, de travail et autres causes, sont capables d'acquérir des connaissances certaines par une étude personnelle !

Le témoignage est, du reste, la grande voie qui conduit l'homme à la possession de la vérité ; il est, pour tous la source de la plupart de leurs connaissances, et, pour le plus grand nombre, celle des connaissances même les plus élémentaires et les plus importantes. Or de tous les témoignages, la révélation divine est le plus digne de foi.

Quant aux difficultés d'en constater l'existence, elles n'approchent pas de celles qu'il y aurait à acquérir, par l'étude, la somme de connaissances qu'elle nous procure.

2° S'il s'agit des vérités surnaturelles.

Qui ne voit que la connaissance même imparfaite de vérités si élevées perfectionne notre intelligence, que la révélation nous éclaire sur des questions graves et insolubles à la seule raison, et qu'elle projette sur la nature de Dieu, ses desseins, les actes de sa bonté, de sa miséricorde, de sa justice à l'égard de l'humanité, une clarté supérieure à toutes nos idées naturelles, et, par là, favorise en même temps le perfectionnement moral de l'homme.

C'est l'utilité de la révélation que proclamait Pie IX quand il condamnait cette sixième proposition du syllabus : « Non seulement la révélation divine ne sert de rien, mais elle est nuisible à la perfection de l'homme. »

ARTICLE IV

Nécessité de la Révélation

Peut-on dire que la Révélation divine est nécessaire à l'homme ?

S'il s'agit, pour l'homme, de connaître des mystères et des préceptes ajoutés à ceux de la loi naturelle, ou de savoir si Dieu l'a élevé à une fin surnaturelle et quels moyens le conduiront à cette fin, rien de plus évident. La raison est *absolument* incapable de découvrir par elle-même les vérités et les devoirs de la religion surnaturelle. S'il s'agit des vérités religieuses et morales qui composent la religion naturelle, nous disons que, dans l'état historique de l'humanité, la révélation divine est encore nécessaire.

Qu'entendez-vous par cette expression « état historique de l'humanité » ?

Nous entendons l'état *réel* dans lequel l'homme existe, abstraction faite de tout autre état, dans lequel il était loisible à Dieu de le placer, où il aurait pu ne pas avoir besoin de la révélation.

Peut-on dire que la raison humaine soit incapable d'arriver à la connaissance d'aucune vérité religieuse et morale de l'ordre même naturel ?

Nullement. Nous admettons, contre les traditionalistes, que quelques vérités religieuses et morales, en nombre plus ou moins grand, suivant la force intellectuelle et les conditions d'existence de chacun, peuvent être découvertes par l'homme avec les seules forces naturelles de sa raison, par exemple, l'existence de Dieu, la distinction du bien et du mal, etc., mais nous nions, contre les rationalistes, que la masse du genre humain puisse, par les seules forces naturelles de la raison, arriver à « connaître promptement, d'une certitude absolue, sans aucun mélange d'erreur » (1), les vérités religieuses et morales qui constituent la religion naturelle parfaite.

Comment démontrez-vous la nécessité de la révélation divine à l'égard des vérités religieuses et morales même naturelles ?

Par des preuves tirées : 1° de l'histoire ; 2° de considérations sur la nature humaine.

Les preuves historiques comprennent des *faits* et des *témoignages*.

Développez les preuves que vous tirez de l'histoire.

S'il est avéré que, *tant qu'ils ont vécu en dehors de la révélation divine*, soit qu'ils l'aient ignorée, soit qu'ils l'aient rejetée ou corrompue, *tous les peuples*, barbares ou civilisés, *tous les savants*, même les plus éclairés, ont été, toujours et partout, victimes des plus grossières et des plus déplorables erreurs, sur les vérités même élémentaires de la religion naturelle, comme la nature de l'homme ne change pas, et qu'il se trouve dans des conditions, en définitive, toujours équivalentes, on devra évidemment conclure que la raison est dans l'impossibilité de découvrir l'ensemble des vérités même naturelles relatives à la religion et aux mœurs, par conséquent que le secours de la révélation lui est indispensable.

(1) Expressions du Concile du Vatican.

Avant la révélation chrétienne : 1° C'est un fait historique certain, que, les Juifs exceptés, *toutes les nations*, y compris les Grecs et les Romains, si florissants dans les sciences et les arts, ont grossièrement erré sur les vérités capitales les plus élémentaires, comme : Dieu, le Culte, l'Ame, la Morale individuelle et sociale.

Dieu : Polythéisme et idolâtrie. On alla jusqu'à diviniser l'ivrognerie, la débauche et le brigandage.

Le Culte : Débauche, ivrognerie, immolation de victimes humaines, même innocentes.

L'Ame : Son existence et sa destinée oubliées de la multitude, incertaines pour les plus éclairés.

Morale individuelle : Turpitudes et cruautés révoltantes.

Morale sociale : Mépris jusqu'au meurtre des enfants et des vieillards, avilissement de la femme et de la mère, esclavage avec tout son cortège d'horreurs, etc.

2° C'est un fait historique certain, qu'au milieu des plus brillantes civilisations matérielles de l'Egypte, de l'Asie, de la Perse, de la Grèce et de Rome, alors qu'on se livrait ardemment à l'étude de la philosophie, les *sages les plus illustres* enseignèrent de grossières erreurs et n'arrivèrent point à sortir de leurs incertitudes sur la religion et la morale. En une foule d'endroits de leurs ouvrages, ils confessent eux-mêmes leur impuissance. « La naissance des hommes, écrit Parmé- « nide (1), est chose triste, ils ressemblent aux sourds « et aux aveugles, c'est une race ignorante et folle. » Anaxagore déclare que nous ne sommes pas en état de découvrir les causes des choses (2). Platon pense qu'il « n'est pas possible à une nature mortelle d'avoir rien « de certain sur la religion. » Il prescrit l'exposition des enfants faibles et approuve l'esclavage, et une foule d'autres mesures sociales absolument immorales. Cicéron ne craint pas d'écrire : « J'ai exposé, « non pas les opinions des philosophes, mais les « rêves d'hommes en délire (3) ». « Il n'y a pas d'absurdité

(1) *Theodoret. de Græc. affect. curand.*, II, 10.
(2) *Sextus Emp.*, VIII, 90.
(3) Cicéron, *De la nature des Dieux*, I, 16.

« si énorme qui n'ait été crue et professée par quelque
« philosophe (1) ». Julien l'Apostat, ennemi de la révélation chrétienne, convient qu'il en faut une : « On pour-
« rait regarder, dit-il, comme une pure intelligence et
« plutôt comme un Dieu que comme un homme, celui
« qui connaîtrait la nature de Dieu (2) ». « Si nous
« croyons l'âme immortelle, ce n'est pas sur la parole
« des hommes, mais sur celle des Dieux mêmes, qui
« seuls peuvent connaître ces vérités (3) ». C'est dans
cette persuasion que la plupart des philosophes dits
nouveaux Platoniciens, eurent recours à la théurgie, à
la magie, à un prétendu commerce avec les Dieux ou
Génies, pour en apprendre ce qu'ils ne pouvaient
découvrir eux-mêmes.

Après la révélation chrétienne : 1° La même ignorance
et les mêmes erreurs se rencontrent aujourd'hui chez
les nations que n'éclaire pas encore ou que n'éclaire
plus l'Évangile, en Asie, en Amérique, en Afrique et
en Océanie. Il est inutile de rappeler des croyances
ridicules et des faits de cruauté et de débauche que
tout le monde connaît.

2° C'est un fait certain que les *philosophes* qui ont
rejeté ou négligé la révélation, ont renouvelé les erreurs
et sont revenus aux incertitudes du paganisme ; témoin
Locke, qui rappelle le matérialiste Lucrèce ; Hume et
Bayle, le sceptique Pyrrhon ; Spinosa, les Panthéistes ;
Kant, qui reconnaît Dieu comme rémunérateur, mais
ne l'admet pas comme suprême législateur et rejette
tout devoir envers lui. Les Allemands Fichte, Schelling,
Hegel, etc., qui parlent de Dieu de telle sorte qu'ils
semblent ne pas même défendre le déisme, mais plutôt
le panthéisme et l'athéisme, et proposent des systèmes
plus incompréhensibles que les mystères de la religion
révélée.

Si beaucoup de philosophes modernes attribuent à la
raison un pouvoir qu'elle ne possède pas, un grand
nombre reconnaissent combien elle est impuissante
en face des grandes questions qui touchent à la religion

(1) *De la Divinité*, II, 58.
(2) *Lettre à Thémistius.*
(3) *Lettre à Théodore, pontife.*

et à la morale : « Il fallait une révélation, dit Bacon,
« la révélation est le port, le lieu de repos de toutes
« les contemplations humaines : sans elle, l'homme
« n'aurait pu même inventer un culte qui fût digne de
« la Divinité (1). » « Une vérité que nous ne devons ja-
« mais perdre de vue, a dit Bayle, c'est que l'homme
« a eu besoin d'une religion révélée qui suppléât au
« besoin de la lumière philosophique. La raison n'est
« bonne qu'à faire connaître à l'homme ses ténèbres,
« son impuissance et la nécessité d'une révélation (2) ».
« Les philosophes, a écrit M. de Tocqueville, sont
« presque toujours environnés d'incertitudes ; à chaque
« pas, la lumière naturelle qui les éclaire s'obscurcit
« et menace de s'éteindre, et ils n'ont pu découvrir
« encore qu'un petit nombre de vérités contradictoires
« au milieu desquelles l'esprit humain flotte sans cesse
« depuis des milliers d'années. Le premier objet et
« l'un des principaux avantages de la religion est de
« fournir sur chacune de ces questions primordiales
« une solution nette, précise, intelligible pour la foule
« et très durable (3) ».
Nous lisons dans M. Le Play : « Depuis la révélation
« du Décalogue, l'esprit humain n'a fait aucune dé-
« couverte d'où soit sortie une connaissance utile (4). »
Comme on le voit, les témoignages des philosophes,
tant anciens que modernes, se joignent à celui des
faits de tous les temps pour proclamer l'impuissance
du genre humain à arriver à la connaissance de la
religion naturelle parfaite et la nécessité de la révélation divine.

*Montrez comment la considération de la nature hu-
maine nous amène à proclamer la nécessité de la
révélation.*

Pour comprendre et surtout pour découvrir, par la
voie du raisonnement, les vérités religieuses et morales
de l'ordre naturel, il faut du temps, des loisirs, des

(1) *De augmentis scientiarum*, IX.
(2) *Dictionn. critiq. art. Manichéens.*
(3) *De la Démocratie en Amériq.* t. III, chap. VI.
(4) *La paix sociale.*

aptitudes intellectuelles, une étude soutenue. Or, où donc les indigents et les artisans qui gémissent sous le faix d'un travail quotidien indispensable à leur existence, les hommes, dont la vie se consomme dans des fonctions qui les absorbent, trouveraient-ils du temps et des loisirs pour philosopher ? Combien seraient découragés par la difficulté et la longueur du travail ! Combien meurent à la fleur de l'âge avant d'en avoir abordé l'étude ou d'en avoir parcouru tout le cycle ?

Tout au plus, la vérité arriverait-elle à la connaissance d'un petit nombre d'hommes, et ne serait-ce qu'après des efforts opiniâtres et sur le déclin de l'existence. Ce sont ces observations qui faisaient dire à Platon : « La philosophie n'est accessible qu'à l'élite du « genre humain, à l'aristocratie de l'intelligence (1) », et à Cicéron : « La sagesse va au plus petit nombre (2) », encore chaque membre de cette aristocratie et de ce petit nombre pourrait-il s'écrier, comme Théophraste mourant : « O nature, pourquoi m'enlever la vie « au moment où la vérité m'ouvre les portes de son « sanctuaire ? »

Il est donc de toute évidence que, sans la révélation divine, l'immense majorité du genre humain resterait dans l'ignorance et le doute à l'endroit de la religion et de la morale, ce qui revient bien à dire que la révélation divine est nécessaire au genre humain.

La nécessité de la révélation divine est-elle une nécessité physique ou une nécessité morale ?

Elle est une nécessité *morale*. Les vérités en question sont, en effet, comprises dans l'objet naturel de l'intelligence humaine, par conséquent elle peut les atteindre, si elle n'en est pas empêchée par des obstacles d'un autre ordre que l'ordre physique.

Ce qui empêche l'homme de vouloir le bien et de voir le vrai, ce sont des obstacles qui gênent moralement l'exercice de son intelligence et de sa volonté, par exemple les besoins de la vie présente, les passions, les préjugés et les influences du milieu ; c'est ainsi que

(1) *De Republ.*, VI.
(2) *De naturâ Deorum*, I, 22.

des menaces, des promesses, le manque de compas, dit Suarez, influent moralement sur un homme et l'empêchent de tracer un cercle quoiqu'il en ait la force physique.

C'est là que se trouve l'explication de ce fait qu'encore que l'homme possède en lui-même la force nécessaire pour connaître tout ce qui a rapport à la religion naturelle, jamais cette puissance n'est passée à l'acte, dans l'humanité considérée en masse.

Le genre humain pourrait-il être tiré par les philosophes de l'ignorance des vérités religieuses et morales ?

Non. Car 1° il faudrait que les philosophes connussent toutes ces vérités. Or nous avons vu précédemment dans quelles erreurs et dans quelles incertitudes sont tombés les philosophes anciens, et dans quelle voie non moins défectueuse ont marché et marchent les philosophes modernes qui ont rejeté les lumières de la révélation. Qui ne voit, du reste, que, la vérité étant nécessairement une, les seules contradictions de leurs doctrines prouvent qu'ils en sont presque tous fort éloignés ? Comme la nature de la raison ne change pas, et qu'elle se trouve toujours dans des conditions analogues, on est en droit de conclure que leurs successeurs ne seront pas plus heureux.

2° Tous les philosophes, possédassent-ils la vérité, par quelle voie instruiraient-ils les multitudes ? Par un enseignement technique ? Mais combien, pour les motifs énumérés ci-dessus, ne pourraient venir les écouter et ne les comprendraient pas ! Par l'autorité ? L'autorité de l'un détruit celle de l'autre. « Personne ne croit les philosophes, dit Lactance, parce « que chacun d'eux s'arroge un droit égal. » Le manque d'unité, les luttes incessantes et opiniâtres des différentes écoles entre elles enlèvent à la philosophie toute considération.

L'opposition qui existe entre leurs principes et leur vie produit le même discrédit. « Combien est-il de « philosophes, dit Cicéron, dont les mœurs et la ma- « nière de vivre soient en rapport avec la raison ? Les « uns sont si légers et si orgueilleux qu'il vaudrait

« mieux qu'ils n'eussent rien appris. Les autres sont
« avares, ambitieux ou esclaves des voluptés. Il semble
« que dans leurs actions, ils prennent à tâche de faire
« mentir leurs préceptes (1). » « Le plus grand nom-
« bre, dit Quintilien, cache les vices les plus honteux
« sous le manteau des anciens philosophes. (2) »

L'expérience ne prouve-t-elle pas encore qu'il n'y a pas
chez les philosophes cet amour du genre humain, ce
zèle de la vérité religieuse et morale, ces vertus de
l'apostolat si nécessaires pour triompher de l'ignorance
et des passions ? Le philosophe épicurien Celse reproche
au christianisme de s'être adressé à des pêcheurs, à des
pauvres et à des malheureux de toute espèce. Les
philosophes modernes affectent pour la multitude le
même dédain transcendant. Ainsi Renan (3) déclare
qu'il n'est donné qu'à un petit nombre de pouvoir pla-
ner dans les hautes régions de l'intelligence, et que
ceux-ci s'inquiètent peu de savoir comment *le reste*
comprend son Dieu. Schopenhauer (4) trouve qu'il y a
plus de distance de lui aux hommes parmi lesquels il
vit, que des étoiles à la terre. Le contact avec les
autres hommes est pour lui une souillure.

Ne peut-on pas recourir à la théorie du progrès
continu de la raison humaine pour conclure que l'homme
est capable d'arriver, sans le secours de la révélation, à
la complète connaissance des vérités religieuses et
morales ? (5)

Nullement, car cette théorie, s'il s'agit des arts et
des sciences, est tout au moins douteuse ; elle est absolument fausse, si on l'applique à la religion et à la
morale.

Assurément on doit reconnaître que la raison
humaine est perfectible, en ce sens qu'elle est capable

(1) Qu. Tus II. 4.
(2) Instit. I.
(3) Etude sur l'hist. relig. Préface.
(4) Leben von Gewinnlt, 1861.
(5) Cette thèse n'est que la confirmation, le complément,
sous forme de réfutation d'une objection rationaliste, de la
thèse précédente sur la nécessité de la révélation (Voir
page 38).

de s'affranchir de bien des erreurs, et d'arriver à la connaissance de vérités nouvelles ; on doit reconnaître également que ce double progrès peut se faire et se fait, soit dans l'homme individuel, au cours de son existence, soit dans des sociétés dont les membres se transmettent de génération en génération leurs connaissances de plus en plus nombreuses et de plus en plus complètes ; mais dans chaque peuple, comme dans tout individu, il s'arrête, après un temps plus ou moins long, à une certaine limite.

En fait, *le progrès matériel*, dans l'humanité, ressemble à une trame qui, tantôt sur un point, tantôt sur un autre, se fait, se défait, recommence pour se défaire encore, si bien que, tout pesé, l'on peut se demander si le travail ne reste pas dans des limites, en définitive toujours à peu près les mêmes.

Quant *au progrès religieux et moral*, on le constate là où pénètre le bienfait de la révélation divine ; ailleurs c'est une marche en arrière qui se produit toujours.

Comment réfutez-vous la théorie du progrès continu de la raison, sous le rapport des sciences et des arts?

Sur ce point, avons-nous dit, le progrès continu est tout au moins douteux. Prenons chaque peuple en particulier : les Chaldéens, les Egyptiens, les Assyriens, les Mèdes, les Perses, les Grecs, les Romains, etc. Loin de progresser sans arrêt, ces peuples ont subi la loi des individus qui naissent, se développent, décroissent et finissent par mourir, alors qu'il s'en faut encore, on peut dire, infiniment, qu'ils aient parcouru le cycle entier des connaissances possibles.

Considère-t-on l'univers dans son ensemble? On constate que, de tout temps comme de nos jours, pendant que certaines contrées arrivent à une lumière plus ou moins vive, les autres tombent ou continuent de vivre dans d'épaisses ténèbres intellectuelles.

Peut-on dire que la raison elle-même a beaucoup progressé? Est-on fondé à croire qu'elle ait plus de vigueur, plus d'étendue, plus de profondeur que dans les temps anciens? L'éloquence, l'histoire, la poésie, la critique, la philosophie, la musique, la peinture, la sculpture, l'architecture ont-elles atteint aujourd'hui un plus haut degré de perfection qu'à certaines époques du passé ? Sans doute, depuis quelque cent ans, on sait en physique, en chimie, bien des choses qu'on ignorait autrefois, mais s'est-on maintenu au niveau où s'étaient élevés nos pères en littérature, en philosophie, en peinture, en architecture, etc. ? La raison ne perd-elle pas d'un côté ce qu'elle gagne de l'autre ?

On le voit, le progrès continu et illimité, dans les sciences et les arts, est tout au moins contestable

Réfutez la théorie du progrès continu de la raison, sous le rapport de la religion et de la morale ?

En établissant précédemment l'impuissance du genre humain à découvrir, sans le secours de la révélation, des vérités religieuses et morales, nous avons déjà, par là même, prouvé qu'un progrès continu de la raison vers la pleine possession de ces vérités ne saurait exister. Un nouveau coup d'œil sur les faits que nous présente l'histoire, nous montrera que la raison laissée à elle-même suit bien plutôt la voie de la décadence, que la marche ascendante imaginée par les rationalistes.

Il est reconnu que dogmes et morale furent, à l'origine, plus parfaits que dans les siècles suivants. On commença par croire en un seul Dieu, le culte fut honnête, les lois de la famille respectées. Ce n'est que plus tard qu'on se laissa aller au polythéisme, à toutes les abominations de l'idolâtrie et à une licence de mœurs effrénée. Dira-t-on que ce fut là un progrès ?

Il en est aujourd'hui comme autrefois. Des individus et des nations, après avoir connu la vérité religieuse, c'est-à-dire la religion catholique, s'en éloignent ; mais c'est pour tomber dans les contràdictions de l'hérésie, dans le déisme, le panthéisme et aboutir au matérialisme, à la négation de toute morale, à la glorification des passions et des vices. Où donc est la continuité du progrès ?

Quels sont les obstacles qui entravent sans cesse le genre humain dans sa marche vers l'état parfait ? Il suffit de jeter les yeux sur la nature de l'homme individuel. Que de causes, les unes dépendantes, les autres indépendantes de la volonté, l'empêchent non seulement de progresser, mais lui font oublier ce qu'il a pu apprendre, sa légèreté, son horreur du travail, la maladie et mille accidents de toutes sortes ! Toutes ces causes se retrouvent, proportion gardée, dans les nations, et produisent les mêmes effets.

D'ailleurs les vérités religieuses sont en opposition avec les passions ; le progrès matériel lui-même, par les jouissances sensibles et immédiates qu'il procure, détourne de la pensée des biens invisibles et éternels. En fait de religion et de morale, il est infiniment plus facile de reculer que de progresser.

La théorie du progrès continu est donc gratuite ; elle est absolument fausse s'il s'agit de la religion, et elle laisse toute sa valeur à la thèse de la nécessité de la révélation.

Le Concile du Vatican s'est lui-même prononcé sur cette question ; voici en quels termes il l'a fait : « Si « quelqu'un dit que l'homme peut et doit arriver à la « possession de toute vérité et de tout bien, par un « progrès continu, qu'il soit anathème (1) ».

(1) De la Révél. III Can.

CHAPITRE IV

Unité de la Religion

ARTICLE Ier

Il ne peut exister qu'une seule vraie religion

Peut-il y avoir plusieurs vraies religions ? .
Non.

Dites pour quels motifs il ne peut pas y avoir plu sieurs vraies religions ?

1° *Dans l'hypothèse d'une religion seulement naturelle.*

1° Il n'y a qu'un seul Dieu, le même pour tous les hommes, et la nature de l'homme, comme ses facultés, est la même chez tous. 2° Les raisons de la religion du côté de Dieu, à savoir l'excellence de sa nature et ce fait qu'il est le principe, la fin et le bienfaiteur de l'homme, non moins que les raisons de la religion du côté de l'homme, à savoir sa dépendance essentielle, totale, à l'égard de Dieu, sont les mêmes pour tous les hommes. Il résulte de cette similitude de causes, une similitude d'effets, c'est-à-dire que les vérités générales qui constituent la partie théorique de la religion et les devoirs généraux qui en sont la partie pratique et qui, l'une et l'autre découlent de l'essence même des choses, doivent être les mêmes pour tous, en un mot qu'il ne peut y avoir qu'une seule vraie religion.

2° *Dans l'hypothèse d'une religion révélée.*

Si Dieu avait révélé plusieurs religions, elles seraient toutes vraies : mais plusieurs vraies religions révélées ne peuvent exister ni en même temps ni successivement. En effet, elles ne pourraient différer ni dans les dogmes, ni dans les devoirs essentiels, parce que la vérité est essentiellement une et qu'il répugne que Dieu enseigne jamais des choses contradictoires. Elles ne peuvent donc différer que dans les questions acci- dentelles de formes extérieures ou de rites. Mais ces

différences accidentelles, à moins qu'elles ne soient
contradictoires et prescrites pour le même temps,
n'empêchent pas que la religion reste toujours une
et la même dans ses points essentiels ; dans cette hypothèse, il n'existerait, malgré des formes différentes,
qu'une seule vraie religion.

En fait, si Dieu a révélé une manière dont il veut
être honoré, il n'en a révélé qu'une seule, puisque
toutes les religions actuelles ou qui ont existé dans le
passé sont contradictoires entre elles (1), et que des
choses contradictoires ne peuvent être vraies en même
temps.

*Les religions qui existent ou ont existé sont-elles réel-
lement contradictoires ?*

Rien de plus évident : les *Monothéistes* n'admettent
qu'un seul Dieu ; les *Polythéistes* en admettent plusieurs ; les *Rationalistes* nient la révélation qui est
défendue par les partisans du surnaturel ; les *Mahométans* regardent comme le plus grand des prophètes
Mahomet, que les *Hébreux* et les *Chrétiens* considèrent
comme un imposteur. Les Chrétiens croient que le
Messie est arrivé, les *Juifs* attendent sa venue. Certains hérétiques nient la divinité de Jésus-Christ, que
reconnaissent tous les autres chrétiens. *Catholiques* et
Schismatiques ne s'entendent ni sur l'Église visible, ni
sur le Pape..., etc., etc.

Article II

Utilité pour la société civile de l'unité religieuse

*Prouvez que l'unité religieuse est souverainement
utile aux intérêts matériels de la société civile.*

1° La société est une réunion d'hommes dont les

(1) La religion chrétienne et la religion juive ne sont
qu'une seule et même religion. La religion chrétienne admet
la vérité de tout ce qu'enseignait la religion juive dont elle
n'est que le développement, le complément. La contradiction
qui existe aujourd'hui entre l'une et l'autre est due aux
Juifs qui depuis Jésus-Christ ont dénaturé leur propre
religion.

intelligences et les volontés sont unies dans la poursuite d'une même fin. Elle est d'autant plus parfaite que
l'union des membres entre eux et des sujets avec l'autorité est plus grande. Or il est incontestable que, là où
règne l'unité religieuse, il y aura une union plus complète des intelligences et des volontés, et il est vrai de
dire que, sans l'unité religieuse, une société ne sera
jamais dans l'état de perfection.

2° Non seulement l'unité religieuse est un principe
d'union entre les citoyens, mais il est le plus puissant
et aucun autre ne peut exercer plus d'influence sur leurs
actes extérieurs. C'est la religion, en effet, qui apprend
à l'homme que tous ses actes intérieurs ou extérieurs
doivent être subordonnés à la fin dernière, c'est-à-dire
à l'acquisition du salut éternel; c'est la religion qui
est le principe de toute obligation morale. Pour ces
deux motifs qui, du reste, sont connexes, tous les actes
humains sont subordonnés aux exigences de la religion.
Il n'est donc rien qui doive plus influencer nos
déterminations, par conséquent unifier plus complètement les actions même extérieures des hommes et de
la société. Ce sont ces considérations qui arrachaient à
Proudhon cet aveu : « Il est surprenant qu'au fond de
« toute politique, nous trouvions toujours la théologie. »

3° Le premier argument indiqué ci-dessus peut être
énoncé sous la forme suivante qui rendra plus évidente
sa force démonstrative. La division des esprits est,
pour la société, un germe de dissolution. Or la pluralité des cultes engendre la division des esprits, et par
suite conduit à la dissolution de la société.

Dans l'hypothèse de la pluralité des cultes, la division
des esprits et le danger de bouleversement sont d'autant
plus grands, que les convictions religieuses sont une
des choses que l'on a le plus à cœur de défendre et de
propager.

Ce besoin de propagande, en effet, a sa source, à la
fois, dans l'esprit et dans le cœur.

1° Dans l'esprit. Il est, dans la nature de l'esprit
humain de vouloir propager la vérité qu'il possède :
« Quant au changement moral, dit Guizot, qui s'opère
« dans l'homme quand il acquiert une idée… quel est

« le besoin qui s'empare de lui ? C'est le besoin de
« faire passer son sentiment dans le monde extérieur.
« etc. (1) » Etant donné que la vérité est un bien ines-
timable qui ne se perd pas en se communiquant, ce
besoin sera d'autant plus vif que l'idée qui sera en
cause sera plus certaine (2) et plus importante. Or,
comme nous l'avons prouvé, nulle vérité n'a plus de
prix que la vérité religieuse.

2° Dans le cœur. Le cœur humain tend naturellement
au bien et il est aussi dans sa nature de faire participer les autres au bien qu'il possède, quand il peut le
faire sans en rien perdre. Le bonheur que procure la
religion est le bien suprême, comme le mal produit par
l'absence de religion est le plus grand des maux.
« Supposez une ferme adhésion de l'esprit aux vérités
« religieuses, quel cœur de parent, d'ami, de citoyen,
« d'homme, pourrait voir, sans être ému, qu'un homme
« de son sang, que son ami, son concitoyen, son sem-
« blable se prive en insensé du plus grand des biens et
« se jette en aveugle dans le plus grand des maux (3).

Mais si chacun veut ainsi propager sa religion, que
de dissensions et de luttes n'engendrera pas l'opposition des idées religieuses ! Qu'on en juge, du reste, par
la fureur qu'ont toujours allumée les guerres de religion.
Quant à établir parmi tous les hommes le règne d'une
indifférence complète en cette matière, c'est une utopie
qui ne se réalisera jamais. Les invectives et les persécutions des athées et des sceptiques contre ceux qui
croient, dans notre siècle où, plus que jamais, a été
prêchée et proclamée la tolérance religieuse, en sont
une preuve éclatante.

4° Enfin l'unité religieuse est la plus sûre garantie
de la sécurité de chacun. La religion, en effet, est
l'unique source de toute obligation morale et la sanction
la plus capable de maintenir les hommes dans le devoir.

(1) Histoire de la Civil. lec. I.
(2) Ainsi la foi chrétienne, par la raison qu'elle est plus
vraie que toute autre, est, en dépit des persécutions dont
elle est l'objet, la source la plus féconde de l'apostolat, et
suscite dans ses défenseurs plus d'ardeur et de constance
qu'aucune autre religion. Taparelli, Dr. nat. 871.
(3) Taparelli. Droit naturel, n° 871.

C'est ce qui faisait dire à Voltaire lui-même : « Je ne
« voudrais pas avoir un impie pour roi, car je serais
« assuré qu'il me ferait piler dans un mortier, lorsque
« ses intérêts l'exigeraient ; je ne voudrais pas d'un
« impie pour mon valet, car je ne vivrais plus en sûreté
« dans ma maison. »

Mais si, dans un Etat, chacun était libre de suivre la
religion qui lui convient, cette liberté serait souvent
un vrai danger pour la sécurité des citoyens.

Quelle assurance aurais-je que mon voisin ne regarde
pas, à l'instar du Musulman ou du Juif, comme un acte
méritoire de me trahir, de me voler, de m'assassiner ?
Pour que la religion me soit une garantie de la conduite
de mes concitoyens, il faut qu'elle approuve et condamne
dans leur conscience, ce qu'elle condamne et approuve
dans la mienne (1).

Il est donc bien *de l'intérêt même matériel d'une société*
que tous ses membres croient les mêmes dogmes, pro-
fessent la même morale.

La plupart des hommes politiques, tout en partant
parfois de principes différents, ont proclamé que l'unité
religieuse importe souverainement à la société civile.
« Les princes et les républiques, dit Machiavel, qui
« veulent se maintenir à l'abri de toute corruption doi-
« vent, sur toutes choses, conserver dans toute sa pureté
« la religion, ses cérémonies, et entretenir le respect
« dû à leur sainteté, parce qu'il n'y a pas de signe
« plus assuré de la ruine d'un Etat que le mépris du
« culte divin (2) ». « Toute cité divisée pour cause de
« religion, dit Vico, est déjà ruinée ou bien proche de
« sa ruine ».

(1) Taparelli, Droit nat., 872.
(2) Discours sur la première décade de Tite Live, liv. I,
ch. XII.

CHAPITRE V

De l'Indifférence religieuse

Si, d'une part, la religion est obligatoire pour l'homme individuel et pour la société (1), et que, de l'autre, il n'existe qu'une seule vraie religion (2), il va de soi que l'indifférence religieuse à l'égard de la vraie religion est interdite à l'homme individuel aussi bien qu'à la société.

Mais cette question de l'Indifférence religieuse, autrement dit du *Libéralisme* religieux, soit privé, soit social, a tellement, dans notre XIXe siècle, agité les esprits et suscité de luttes qui sont loin d'être terminées, que nous croyons nécessaire d'y consacrer encore quelques pages.

Comment divise-t-on l'Indifférence religieuse ?

L'Indifférence religieuse se divise en indifférence religieuse *absolue* et en indifférence religieuse *relative.*

ARTICLE 1er

Indifférence religieuse absolue

Qu'est-ce que l'Indifférence religieuse absolue ?

C'est une doctrine qui, partant de ce principe qu'il n'y a pas de Dieu ou que s'il existe, il reste étranger aux choses humaines, et que toutes les religions ont été inventées par les hommes, les estime toutes fausses ou du moins indifférentes et soutient que chaque homme « est libre d'embrasser celle qu'il préfère ou de « n'en suivre aucune si aucune ne lui agrée (3) ».

C'est là la liberté de conscience et des cultes absolue, telle que la comprennent les rationalistes athées, les matérialistes, les panthéistes, et certains déistes.

(1) Pages 6 et 17.
(2) Page 44.
(3) *Encycl. Immortale Dei.* 1er Nov. 1885.

Ce système envisagé en lui-même prend le nom d'Indifférence religieuse *dogmatique* absolue.

Appliqué à la société, il est ce qu'on a appelé le *Libéralisme religieux politique absolu*, incrédule, l'athéisme social (1).

Comment réfute-t-on l'Indifférence religieuse dogmatique absolue ?

Par les arguments qui démontrent l'existence de Dieu et la nécessité de la religion pour l'homme individuel. (Voir pages 6 et ss.).

ARTICLE II

Indifférence religieuse relative

Qu'est-ce que l'Indifférence religieuse relative ?

C'est une doctrine qui, avec l'existence de Dieu, reconnaît la nécessité d'une religion, mais soutient qu'aucune n'est particulièrement nécessaire, que toutes celles qui existent sont également vraies et suffisantes pour le salut éternel, par conséquent que chacun a le droit absolu d'embrasser et de pratiquer la religion qui lui convient.

D'après cette doctrine, la liberté de conscience et des cultes est moins étendue que d'après celle de l'indifférence religieuse absolue. La conscience n'est plus libre de repousser toutes les religions, mais elle reste libre, en ce sens qu'elle peut choisir entre toutes, celle qui lui convient.

L'indifférence religieuse relative considérée en elle-même prend le nom d'indifférence *dogmatique* relative. Considérée dans la société, elle est ce qu'on nomme le *Libéralisme religieux politique modéré*.

Comment réfute-t-on l'Indifférence dogmatique relative ?

En prouvant : 1° que, soit dans l'hypothèse d'une religion naturelle, soit dans celle d'une religion révélée, il

____

(1) Voir la réfutation, pages 53 et 55.

ne peut y avoir qu'une seule vraie religion (1) ; 2° que tous les hommes sont tenus de l'embrasser et de la pratiquer (2).

Ces preuves faites, il devient, en effet, évident que toutes les religions ne sont ni également vraies, ni également suffisantes au salut éternel, que l'indifférence à l'égard des diverses religions n'est pas permise, et que le choix de la religion n'est nullement laissé à la libre volonté de chacun.

Cette indifférence dogmatique a été condamnée par l'Église. Elle l'a été particulièrement par Pie IX, dans la quinzième proposition du syllabus : « Les hommes « peuvent trouver le chemin du salut éternel et se « sauver dans le culte de n'importe quelle religion. »

Comme il a été démontré plus haut qu'il ne peut exister qu'une seule vraie religion, il nous reste, pour réfuter l'indifférence religieuse dogmatique, à prouver que tous les hommes sont tenus d'embrasser et de pratiquer la seule vraie religion.

Prouvez que tous les hommes sont tenus d'embrasser et de pratiquer la seule vraie religion.

La religion est obligatoire (3) ; il va de soi qu'une religion fausse, c'est-à-dire l'erreur, ne peut pas être obligatoire. Si une seule religion est vraie, c'est donc celle-là seule que tout homme est tenu d'embrasser et de pratiquer.

2° La religion est obligatoire ; or elle impose le devoir : 1° d'être soumis et obéissant à Dieu ; 2° de tendre à Lui comme à la fin-dernière ; 3° de Lui rendre des hommages qui conviennent à l'excellence de sa divine nature.

Si l'homme n'était pas tenu d'embrasser la seule vraie religion, s'il était libre de choisir celle qui lui agrée, il pourrait ne remplir aucune de ces obligations.

Serait-ce, en effet, se montrer soumis et obéissant à Dieu que de rejeter le culte qu'il a déterminé Lui-même et d'adopter celui qui agréo davantage ?

(1) Voir page 44.
(2) Voir pages 51 et 52.
(3) Voir page 10.

Comment l'homme prétendrait-il tendre à sa fin dernière qui est une, en pratiquant des religions respectivement contradictoires ? Arrive-t-on au même but en suivant des routes diamétralement opposées ?

D'ailleurs l'homme n'atteindra sa fin dernière qu'à la condition d'avoir rempli ses devoirs et, avant tout, ses devoirs envers Dieu. Est-ce remplir ses devoirs envers Dieu, que de lui désobéir en pratiquant un culte différent de celui qu'il a déterminé Lui-même ?

Peut-on enfin regarder comme convenables et dignes de Dieu des hommages qui insultent à ses perfections divines ? Dire qu'on peut à son gré choisir entre les diverses religions, c'est admettre que toutes sont agréables à Dieu. Etant donné que ces religions sont contradictoires dans les vérités et la morale qu'elles enseignent, c'est donc admettre que Dieu se complaît dans la verité et l'erreur, le bien et le mal. N'est-ce pas nier à la fois sa véracité et sa sainteté ?

Rien enfin ne peut expliquer cette liberté qui serait laissée à chacun de choisir sa religion. Prétendra-t-on que toutes les religions sont vraies ? Est-ce que des affirmations contradictoires peuvent être vraies ? Donnera-t-on comme vraies par exemple des propositions semblables à celles-ci : « Le Christ n'est qu'un homme, le Christ est Dieu ; le pape est le Vicaire de Jésus-Christ, le pape est l'Antéchrist ? » — Dira-t-on qu'une seule religion est vraie ? Mais alors approuver les autres, c'est faire acte d'hypocrisie ; — Qu'aucune n'est vraie, que toutes sont fausses ? C'est proclamer l'athéisme, ou blasphémer Dieu. Ajoutons que, dans cette hypothèse, en pratiquer une quelconque, c'est agir en hypocrite.

Que faire en cas de doute sur la question religieuse ?

Comme, d'une part, l'obligation de rendre à Dieu par la vraie religion le culte qui lui est dû, est certain, que, de l'autre, il est interdit d'agir dans le doute pratique, parce que agir dans le doute pratique c'est prendre son parti de ne pas faire ce que Dieu commande, ou de faire ce qu'il défend, ce qui équivaut à une désobéissance positive, on doit, en cas de doute, chercher sincèrement et sérieusement quelle est la vraie religion, et, si le doute persévère, embrasser celle qui paraît la plus certaine.

Que penser de ce principe que tout homme doit rester dans la religion de ses pères ou de sa patrie ?

Qu'il est juste, s'il s'agit de la vraie religion ; condamnable s'il s'agit d'une religion fausse. Chacun répond personnellement de ses actes, et il n'est jamais permis de demeurer sciemment dans l'erreur.

ARTICLE III

Libéralisme religieux politique

§ 1. LIBÉRALISME ABSOLU, LIBÉRALISME MODÉRÉ

Qu'est-ce que le Libéralisme religieux politique ?

C'est une doctrine d'après laquelle l'État doit ne professer aucune religion, renfermer son action dans le domaine des choses temporelles et se borner tout au plus à protéger ou même simplement à autoriser également la pratique extérieure de tous les cultes. On donne encore à cette doctrine le nom de système de la *Liberté de conscience* ou de la *Liberté des cultes.*

Il y a, comme nous l'avons déjà dit, le Libéralisme absolu, qui est *incrédule, athée,* et le Libéralisme modéré.

Expliquez le système du Libéralisme absolu.

Le Libéralisme absolu s'appuie *sur la négation de Dieu* ou tout au moins *son indifférence à l'égard de toutes les choses de la terre.*

L'homme collectif ou social, disent les partisans de ce système, est comme l'homme individuel, affranchi de toute subordination envers Dieu et envers toute religion.

L'État est investi de l'omnipotence par suite de la souveraineté populaire dont il est le délégué et le représentant. Aucune loi ne lui est supérieure, tout pouvoir lui est subordonné. Il est le droit par excellence, la source de tous les droits, le régulateur suprême de tous les rapports entre les hommes. Il ne reconnaît pas même l'ordre de la conscience. Il n'existe en face de lui aucun droit individuel ni domestique.

Ce système est un véritable athéisme pratique et social. On lui donne encore le nom de *sécularisation* et de *neutralité*, et on veut l'appliquer à tous les éléments de l'organisation sociale, aux lois, aux sciences, aux arts, à l'enseignement, à la bienfaisance, au travail, à l'industrie, à la politique, à la famille elle-même.

Le nom de Libéralisme ne lui convient guère, car si quelques-uns de ses partisans admettent encore que l'État laisse à la religion les libertés de droit commun, tout en la traitant avec un souverain dédain, la plupart sont d'avis qu'on la supprime totalement. Le Libéralisme absolu est logiquement et fatalement persécuteur.

Expliquez le système du Libéralisme modéré.

Le Libéralisme modéré part de ce principe que, toutes les religions étant également suffisantes pour le salut éternel, si tout homme a le devoir d'être religieux, chacun a le droit de choisir et de pratiquer la religion qui lui convient, et il conclut que l'État n'est lié à aucune religion, qu'il n'a le droit d'influencer en quoi que ce soit les citoyens, ni de franchir les limites de la neutralité.

Certains libéraux modérés qui ne vont pas jusqu'à accorder à chacun le droit de choisir, à son gré, sa religion, n'en sont pas moins partisans du Libéralisme politique. Ils donnent diverses raisons de leur sentiment, par exemple que l'État, n'ayant pour fin que les intérêts matériels, n'a nullement à s'occuper des intérêts spirituels et éternels, c'est-à-dire de la religion ; que n'ayant aucun moyen de reconnaître avec certitude la vraie religion, il n'a pas de motif d'en protéger une au détriment des autres, etc., etc. (1).

Citons encore certains libéraux auxquels on donne

(1) Voir d'autres raisons encore dont nous donnons la réfutation, pages 61 et ss.

le nom de modérés, non pas qu'une croyance réligieuse quelconque les inspire, mais parce que toutes les religions sont à leurs yeux des institutions humanitaires qui rendent des services à la civilisation et méritent, à ce titre, la liberté et la bienveillance. L'État, à leur sens, n'en devrait pas moins s'abstenir d'en professer ou d'en protéger aucune à l'exclusion des autres.

Peut-on admettre le Libéralisme absolu ?

Jamais. Prétendre que l'humanité doit se gouverner abstraction faite, par les pouvoirs publics, de la pensée de Dieu, de ses préceptes, des pratiques de son culte, est un crime social absolument condamné par la doctrine catholique, d'accord avec la saine raison.

L'existence de Dieu et la nécessité de la religion pour la société (1) sont autant d'arguments qui démontrent la fausseté et la monstruosité de ce système.

Pie IX l'a censuré dans le syllabus, et Léon XIII ne l'a pas moins flétri dans son encyclique *Immortale Dei :*
« Les sociétés politiques ne peuvent sans crime se con-
« duire comme si Dieu n'existait en aucune manière, ou
« se passer de la religion comme étrangère ou inutile...
« Les chefs d'Etat doivent tenir pour saint le nom de
« Dieu et mettre au nombre de leurs principaux de-
« voirs celui de favoriser la religion. »
« Quelque répandu, écrivait Mgr Parisis, que soit au-
« jourd'hui ce système, au moins en théorie, aucune
« conscience honnête ne peut ni l'approuver, ni l'es-
« timer en aucune manière. Il est pervers, il est
« souverainement criminel et dangereux, ainsi que
« l'enseigne l'Ecriture par ces énergiques paroles : Le
« règne des impies, c'est la ruine des peuples. (Pro-
« verbes XXVIII. 12) (2). »

Voltaire lui-même condamnait cet athéisme social, quand il écrivait : « Je ne voudrais pas avoir un impie pour roi, car je serais assuré qu'il me ferait piler dans un mortier, lorsque ses intérêts l'exigeraient. »

(1) Voir page 17.
(2) *Cas de conscience,* édit. 1865, page 86.

Ce que Voltaire redoutait d'un monarque impie, on peut le craindre de tout gouvernement et de toute société qui n'hésite pas à renier le culte public.

§ 2. Le Libéralisme comme THÈSE, le Libéralisme comme HYPOTHÈSE

En combien de catégories divise-t-on les libéraux modérés ?

On les divise en deux catégories : il y a ceux qui soutiennent le libéralisme comme *thèse* et ceux qui le soutiennent comme *hypothèse* (1).

Que disent ceux qui le soutiennent comme thèse ?

Ils disent que le libéralisme politique est, même dans l'ordre abstrait, chose bonne en soi, par conséquent utile en *toute hypothèse* au bien de la société et que, *en tout temps* et *en tous lieux*, il doit être adopté par l'Etat, abstraction faite des conditions particulières dans lesquelles peut se trouver une société.

Que disent ceux qui soutiennent le Libéralisme comme hypothèse ?

Loin de le proclamer l'idéal de la politique en matière de religion, ils le condamnent comme *théorie*, et ne l'admettent que dans l'hypothèse de conditions particulières, dans lesquelles se trouve une société. « Mais, ajoutent certains libéraux, l'ère nouvelle dans « laquelle sont entrées les sociétés modernes ne permet « plus de songer à jamais rétablir une religion parti- « culière comme religion d'Etat. »

D'autres, et nous prouverons que ceux-là seuls sont dans le vrai, n'admettent le Libéralisme comme hy-

(1) Pour le moment nous n'avons en vue que les rapports de l'Etat avec la vraie religion en général, quelle qu'elle soit. Nous faisons abstraction de l'Eglise catholique, nous réservant d'étudier dans le traité de l'Eglise, la question du libéralisme et de l'Eglise. Il va de soi cependant que tout ce que nous disons de la vraie religion s'applique à l'Eglise catholique.

pothèse qu'à titre de *modus vivendi,* sorte de *pis aller* que des *circonstances spéciales,* comme la multiplication des dissidents au sein de la société, les divisions politiques, peuvent rendre nécessaire *en un temps donné et dans certains pays,* mais que l'on doit toujours chercher à corriger.

Peut-on admettre le Libéralisme comme thèse ?

Non : car 1° il est contraire aux devoirs de l'État envers Dieu ; 2° il est contraire aux devoirs de l'État envers ses sujets ; 3° les raisons qu'on allègue en sa faveur n'ont pas de valeur.

I. *Le Libéralisme est contraire aux devoirs de l'État envers Dieu.*

Nous avons prouvé, d'une part, que la religion (religion et devoirs envers Dieu sont une seule et même chose) est essentiellement obligatoire pour la société civile et par conséquent pour l'État qui la représente (1 ; de l'autre, qu'il n'existe qu'une seule vraie religion ; à moins d'admettre que l'erreur puisse être obligatoire et que Dieu se complaise à recevoir des hommages différents de ceux qu'il a commandé de lui rendre, ce qui est absurde, l'obligation d'être religieux impose à l'État le devoir de professer la vraie religion. Or qui ne voit que la profession de la vraie religion est inconciliable avec une égale indifférence ou une même protection accordées à toutes les religions ?

II. *Le Libéralisme est contraire aux devoirs de l'État envers ses sujets :*

1° Au point de vue de leurs intérêts spirituels.

Dieu a fondé la société pour le bien de l'homme, il a donc voulu : 1° qu'elle ne fût pas à l'homme une entrave à sa perfection ; 2° qu'il y trouvât les secours capables de l'aider à atteindre cette perfection. Or la perfection de l'homme ne peut être séparée de la réalisation de sa fin dernière qui est le salut éternel. L'État a l'obligation de se conformer au plan divin. Les citoyens ont donc le droit de voir écarter de la société, par l'État, dans la mesure du possible, tout ce

(1) Page 18.

qui pourrait les détourner du salut éternel, partant *de la vraie religion*, seul chemin qui y conduise. L'Etat n'a donc pas le droit d'autoriser en principe, à plus forte raison de protéger la pratique extérieure des fausses religions qui ne peuvent manquer d'être un danger grave et prochain de séduction pour une foule de ses sujets que l'ignorance, l'intérêt ou les passions n'éloignent déjà que trop de leurs devoirs religieux ; il a enfin le droit et le devoir d'empêcher que des hommes abusent de leur science, de leur éloquence ou de leur habileté pour faire tomber dans l'erreur religieuse, par une propagande impie, les faibles et les ignorants.

2° Au point de vue de leurs intérêts matériels.

1° Quand nous disons que la religion est la condition nécessaire de la stabilité des sociétés, parce qu'elle est la source et la sanction de toutes les obligations morales dont l'accomplissement est indispensable à leur vie et à leur prospérité matérielle, il ne saurait être question des fausses religions. Outre que le mensonge ne peut pas être un principe de vie et de durée, les fausses religions, dans la proportion d'erreur qu'elles contiennent, sont, pour les sociétés, un principe de dissolution qui tôt ou tard leur devient funeste. La vérité seule est une source sans cesse renaissante de vie et de perpétuité.

L'État qui a pour fin propre d'assurer la conservation de la société, doit donc veiller à la conservation de la vraie religion et interdire tout ce qui serait capable d'entraver son action, comme serait la pratique extérieure et la propagande des fausses religions.

2° L'unité religieuse importe souverainement à la vie et au bonheur temporel de la société civile (1). C'est donc un devoir pour l'État de s'efforcer d'introduire dans la société dont il est responsable, l'unité religieuse et de la défendre quand elle est établie. C'est donc son devoir d'interdire la pratique extérieure et la propagande des fausses religions qui ne manqueraient pas d'avoir pour résultat de détruire l'unité religieuse dans la société.

(1) Voir page 45.

3° Le Libéralisme enfin doit être rejeté comme injurieux à Dieu et à la raison. Il met sur le même pied Dieu et Satan, le vrai et le faux, le bien et le mal. Qu'on ne parle pas des droits du mal et de l'erreur. Le vice et le mensonge n'ont aucun droit et nul n'a celui de les enseigner. La liberté et la protection accordées à ceux qui s'en feraient les propagateurs sont la négation du droit exclusif, que possèdent la vérité et la vertu, de se faire aimer et de régner. « C'est un système hor- « rible et qui répugne souverainement, disait Pie IX, « que de supprimer, comme le font certains novateurs, « toute distinction entre la vertu et le vice, la vérité « et l'erreur, l'honneur et l'infamie (1) ».

L'Église ne s'est pas moins prononcée contre le libé- ralisme religieux politique que contre le libéralisme individuel. « Traiter de la même manière, écrivait « Léon XIII, les différentes religions n'est pas plus « permis aux sociétés qu'aux individus ». *(Encyc. Im- mortale Dei).*

III. *Les raisons qu'on allègue en faveur du Libéra- lisme politique, comme thèse, n'ont pas de valeur.*

Voir pages 61 et ss. la réfutation de ces principales raisons.

Telle est la thèse, voyons l'hypothèse.

Peut-on admettre le Libéralisme comme hypothèse ?

1° *A titre définitif,* non ; car ce serait proscrire pour toujours contre les droits essentiels et éternels de Dieu, ce qui n'est ni logiquement possible ni pratiquement permis, ou déclarer que ce qui doit être admis en théorie doit être rejeté en pratique, comme si la pratique ne découlait pas de la théorie, ou enfin désespérer du re- tour de la société à la vérité et au bien, ce qui serait déraisonnable.

Pourquoi, en effet, la vérité ne pourrait-elle pas, dans nos sociétés modernes, succéder à l'erreur, comme l'er- reur a jadis succédé à la vérité ? Quoi de plus mobile que l'opinion publique ? L'Etat païen était, à bien des égards au moins, plus éloigné de la vérité évangélique

(1) *Encyc., Qui pluribus.* Nov. 1846.

que l'Etat moderne ; si celui-là est devenu chrétien, pourquoi celui-ci ne le redeviendrait-il pas ?

De même qu'un voyageur égaré peut revenir en arrière pour retrouver son chemin, de même les sociétés, instruites par les calamités que produit le Libéralisme, peuvent revenir à l'unité dans la vraie religion.

2° A titre provisoire ? Oui, « car, dit Saint Thomas, « le gouvernement humain dérive du gouvernement « divin et doit s'efforcer de l'imiter. Or, quoique Dieu « soit tout-puissant et souverainement bon, il ne « laisse pas de permettre certains maux qu'il pourrait « empêcher, de peur que leur suppression ne ravisse « à l'homme des biens plus considérables et ne lui « occasionne des maux plus graves encore. De même « ceux qui président aux gouvernements de la terre, « peuvent tolérer certains maux pour les mêmes « motifs ; voilà pourquoi Saint Augustin a écrit : il est « quelquefois permis de tolérer les cérémonies des « infidèles, à la condition que ce soit pour éviter des « scandales, des divisions ou dans l'espoir de les « amener peu à peu à se convertir ».

En fait, eu égard à certaines circonstances et à des nécessités sociales, la liberté civile des religions peut être érigée en règle de gouvernement sans aucune violation de la véritable doctrine, mais cette tolérance doit toujours être considérée comme un régime défectueux dont on s'efforcera de sortir le plus promptement possible, sans toutefois négliger les règles de la prudence.

Encore, qu'on le sache bien, la tolérance doit avoir des bornes. Elle ne peut être que limitée. La tolérance universelle en matière de religion est d'une impossibilité absolue. Jamais les gouvernements ne peuvent tolérer les sectes qui fouleraient aux pieds les premiers principes de la morale et de la raison, autoriseraient la débauche, attaqueraient les vérités qui sont le fondement même de l'ordre moral, telles que l'existence de Dieu et d'une providence rémunératrice, la liberté humaine, l'immortalité de l'âme, la propriété, le pouvoir. Une pareille tolérance serait celle du crime, de la barbarie.

§ 3. PRINCIPALES OBJECTIONS DES LIBÉRAUX (1)

Comment l'État, qui n'est ni théologien ni infaillible, peut-il déterminer quelle est la vraie religion ?

Comme quelqu'un, qui n'est ni astronome ni infaillible, peut déterminer, entre tous les astres, quel est le soleil, il est évident que Dieu, qui a rendu obligatoire pour l'individu et pour la société la vraie religion, qu'elle soit naturelle ou révélée, a dû la marquer de signes qui permissent à quiconque la cherche avec prudence et sincérité, de la discerner avec certitude.

D'ailleurs les individus ont la faculté de reconnaître la vraie religion, puisqu'ils sont dans l'obligation de l'embrasser et de la professer ; pourquoi les hommes qui gouvernent la société n'auraient-ils-pas le même pouvoir ? Comment leur dignité et leurs fonctions le leur enlèveraient-elles ?

Les gouvernements en présence de religions fausses ont-ils le droit, pour garder l'unité religieuse, d'interdire dans leurs États la vraie religion ?

Nullement. 1° Les religions fausses n'ont aucun droit à invoquer en leur faveur. Le droit est un pouvoir fondé sur la raison, il ne peut être revendiqué par l'erreur.

2° Sans doute l'unité religieuse est pour un peuple une source de biens très considérables, même au point de vue matériel ; toutefois la principale raison de défendre l'unité religieuse n'est pas dans les avantages matériels qu'elle procure, mais dans l'obligation, pour l'individu et la société, de pratiquer la vraie religion, par conséquent, pour l'État, d'écarter autant que possible ce qui en détournerait. Dans la supposition d'une fausse religion, cette obligation n'existe donc plus pour l'État. Quant aux avantages matériels de l'unité dans l'erreur, ils ne peuvent prévaloir contre les droits de la vérité et sont inférieurs aux biens matériels et moraux qu'apportera l'entrée et le triomphe de la vraie religion.

(1) Nous en examinerons d'autres dans le traité de l'Eglise.

3° La persuasion où seraient les défenseurs de fausses religions qu'ils possèdent la vérité ne leur donne pas les mêmes droits qu'à ceux qui la possèdent réellement, pas plus que la conviction qu'ils ne sont pas fous ne donne à ceux qui le sont les mêmes droits qu'à ceux dont l'esprit est sain. On peut donc dire que, si les gouvernements en question se font persécuteurs, et qu'ils agissent de bonne foi, ils sont excusables aux yeux de Dieu ; mais, en fait, ils persécutent sans aucun droit, et ni leurs sujets, ni les étrangers ne sont obligés en conscience de leur obéir.

De plus, la bonne foi qui excuse ne peut exister qu'après un examen fait avec tout le soin désirable, et l'on peut dire qu'elle est rarement admissible chez les défenseurs de fausses religions, parce qu'une fausse religion, étant toujours en contradiction avec les principes évidents de la raison ou de la moralité, un examen consciencieux les convaincrait vite qu'ils sont dans l'erreur. Il va de soi qu'un gouvernement, tout obligé qu'il soit de toujours travailler à substituer dans ses États la vraie religion à un culte faux, ne doit jamais s'écarter des règles d'une sage prudence. Il doit veiller, d'une part, à ne pas exciter, par des mesures précipitées, le trouble et la révolte dans la société dont il a la garde, de l'autre, à ne pas violer le domaine de la conscience de ses sujets. Le pouvoir de l'État ne s'étend pas directement à la conscience elle-même qui, dans son for intérieur, ne relève que de Dieu. La manifestation extérieure de la religion, en tant qu'elle touche au bien ou au mal de la société, est seule de son ressort.

Ne peut-on pas espérer que, dans l'hypothèse de la liberté des cultes, la vérité et la vertu seront plus forts que l'erreur et le vice, et finiront par triompher ?

La vérité et la vertu devraient, en effet, avoir plus de charmes et de force que l'erreur et le vice. Il n'en est pas ainsi en pratique. L'expérience prouve que, par suite de notre ignorance, de notre légèreté, de notre inconstance, de nos passions, le mal l'emporte facilement sur le bien, dans l'individu comme dans la société.

D'ailleurs si le bien, quand il s'agit de religion, devait l'emporter sur le mal laissé libre, pourquoi n'en serait-il pas de même pour tous les autres points de morale? A quoi bon dès lors ces lois qui interdisent le vol, l'assassinat, etc. ? A quoi bon cette sollicitude des parents pour écarter de leurs enfants, tout mauvais livre, toute mauvaise société ? « Le bien prendra « toujours le dessus, laissons, pleine liberté à toutes « les utopies, à tous les mauvais exemples, à toutes « les passions ».

Cette conclusion, personne, pas même les libéraux, ne l'admet; pourquoi l'admettre, dès qu'il s'agit de religion?

L'intolérance ne peut-elle pas être dans la société une cause de révolte et de désordre?

Tout autant, mais pas plus que l'intolérance à l'égard du vol et autres brigandages que la société se croit obligée de poursuivre.

Si la société se trouvait peu à peu amenée dans de telles conditions que l'intolérance religieuse dût produire des troubles considérables, ce serait pour l'autorité, le cas prévu ci-dessus de se montrer tolérante. Encore une fois cette tolérance, comme celle d'un crime quelconque qu'on ne peut empêcher, devrait être considérée comme une mesure regrettable en soi et transitoire. Ajoutons que, quelles que soient les menaces de désordre, jamais l'autorité ne pourrait se permettre aucun acte positif contraire au bien de la religion.

Ne peut-on pas craindre que l'intolérance n'éloigne plutôt qu'elle ne rapproche de la vraie religion?

Elle peut, en effet, éloigner de la religion quelques esprits prévenus, mais elle concourt à maintenir le très grand nombre dans le droit chemin. Elle ne doit donc pas être plus condamnée et rejetée que divers remèdes ne peuvent l'être, parce que, utiles au plus grand nombre, ils sont inutiles et parfois funestes à certains tempéraments.

———

CHAPITRE VI

Des Miracles et des Prophéties

Considérations générales

Il importerait peu d'avoir démontré la possibilité, l'utilité et la nécessité morale de la révélation, s'il n'y avait aucun moyen d'en constater l'existence. Si Dieu parle, nous devons croire comme vraies et d'une foi ferme les choses qu'il révèle. Mais croire ces vérités, sans être absolument certain que Dieu les a réellement révélées, serait déraisonnable, et la raison humaine a le droit et le devoir, dans une question si grave, de n'être pas trompée. Que des moyens de constater la révélation puissent exister, rien de plus évident.

La seule possibilité, à plus forte raison la nécessité morale pour l'homme d'un enseignement divin le prouvent.

Il n'est pas admissible, étant donné la sagesse, la puissance et la providence divines, que Dieu puisse parler aux hommes, exiger l'hommage de leur foi, et qu'il ne soit pas en son pouvoir de les rendre certains de la réalité de son intervention.

Parmi les preuves de la révélation divine, les plus convaincantes et les plus appropriées à l'intelligence de tous sont les *Miracles* et les *Prophéties*. « Afin que « l'hommage de notre foi fût en accord avec la raison, « dit le Concile du Vatican (1), Dieu a voulu ajouter, « aux secours intérieurs de l'Esprit-Saint, les preuves « extérieures de sa révélation, à savoir : les faits di- « vins, et surtout les *Miracles* et les *Prophéties*, les- « quels, en montrant abondamment la toute-puissance « et la science infinie de Dieu, sont des signes très « certains de la révélation divine ».

Avant d'aborder la critique des faits signalés comme miraculeux, nous allons étudier la nature intime des

_____
(1) Constitut. *Dei Filius*. Ch. III.

miracles et des prophéties en général, leur possibilité, la possibilité d'en vérifier l'existence, enfin leur force démonstrative.

ARTICLE Ier

Du Miracle

§ 1er. NATURE DU MIRACLE

Qu'appelle-t-on miracle?

On appelle miracle un fait qui déroge au cours ordinaire, c'est-à-dire aux lois de la nature et qui est directement produit par Dieu. C'est la surprise, l'étonnement que cause cette dérogation, cette suspension des lois de la nature qui lui a fait donner le nom de miracle (mirari, être étonné).

On distingue les miracles de *l'ordre physique* et ceux de *l'ordre moral*. Les premiers dérogent aux lois de la nature sensible, les seconds aux lois qui régissent le monde moral, c'est-à-dire des intelligences et des volontés.

Tout ce qui suit s'applique aux miracles de l'ordre sensible, il sera facile de voir ce qui peut s'entendre également de ceux de l'ordre moral.

Deux choses sont donc essentielles au miracle :

1° Qu'il soit une dérogation au cours ordinaire de la nature.

2° Que cette dérogation soit produite par Dieu directement, c'est-à-dire dans une intervention spéciale.

Ainsi, selon le cours ordinaire de la nature, une pierre jetée d'en haut, dans certaines conditions, tombe à terre. Supposons qu'un jour, jetée dans les mêmes conditions, elle s'arrête subitement dans sa chute. Voilà un fait qui déroge au cours ordinaire de la nature. Supposez que ce ne soit ni un esprit, ni un homme, ni aucune cause créée qui ait produit cet arrêt, mais Dieu lui-même dans une intervention spéciale, nous dirons qu'il y a miracle.

Peu importe qu'un fait dépasse toutes les forces de la nature créée, ou seulement les forces soumises à la connaissance et au pouvoir de l'homme et qu'il puisse, dans certaines circonstances, être produit par une cause créée, esprit ou autre ; par cela qu'ils serait l'œuvre immédiate de Dieu, il prend le nom de miracles.

On donne le nom, non pas de miracles, mais *de prodiges,* aux faits extraordinaires qui sont l'œuvre des démons.

§ 2. POSSIBILITÉ DU MIRACLE

Le miracle est-il possible ?

Cette question revient à celle-ci : peut-il exister des faits qui dérogent au cours ordinaire de la nature ? Assurément, si Dieu n'existait pas, le miracle serait impossible, il n'y aurait dans le monde qu'une nature aveugle, subissant par nécessité les diverses transformations qu'exige un progrès fatal. Dans ces conditions, le miracle serait un effet sans cause. Mais du moment que Dieu existe, infiniment intelligent, créateur de l'univers, tout-puissant et libre, demander sérieusement si le miracle est possible, « c'est-à-dire si Dieu « peut déroger aux lois qu'il a établies, serait, dit « J.-J. Rousseau, une question impie, si elle n'était « absurde. Ce serait faire trop d'honneur à celui qui la « résoudrait négativement que de le punir, il faudrait « l'enfermer (1) ».

Donnez les preuves de la possibilité du miracle.

La preuve la plus simple de la possibilité des miracles, c'est leur réalité. Ce qui existe est possible. Mais comme les adversaires de la révélation, afin de se débarrasser plus facilement de la réalité des miracles, commencent par en nier *à priori* la possibilité, nous traiterons d'abord cette question au point de vue théorique ou métaphysique ; ailleurs nous étudierons les faits.

Le miracle ne serait impossible qu'autant que les lois de la nature seraient nécessaires ou qu'une dérogation à l'ordre général, autrement dit aux lois établies, répugnerait aux attributs de Dieu.

(1) Lettre de la Montagne.

I. *Ces lois ne sont pas nécessaires :*

Elles ne sont nécessaires, 1° ni *absolument*, c'est-à-dire en dehors de toute hypothèse. En effet, ces lois sont de même condition que les substances existantes auxquelles elles sont inhérentes. Ces substances n'étant pas nécessaires, leurs lois ne le sont pas davantage et peuvent être supprimées avec elles.

2° *Ni dans l'hypothèse de l'existence des êtres qu'elles régissent présentement,* en ce sens qu'elles ne peuvent plus être séparées même momentanément des êtres auxquels elles sont inhérentes. En voici la raison :

Cela seulement ne peut pas être séparé d'un être et lui est nécessaire, qui fait partie de son essence. Ainsi trois côtés sont nécessaires à un triangle. parce qu'ils font partie de son essence. Enlevez, en effet, l'un de ces côtés, n'en laissez que deux, vous n'avez plus un triangle. Les lois physiques, autrement dit l'ordre constant dans lequel les phénomènes se présentent à nous, ne font point partie de l'essence des êtres existants. Un fleuve qui un jour remonterait vers sa source n'en serait pas moins un fleuve, et, si la terre tournait de l'occident à l'orient, elle n'en serait pas moins la terre.

3° *Ni dans l'hypothèse de la conservation de l'ordre établi dans l'univers,* en ce sens que cet ordre serait détruit par des dérogations particulières aux lois qui le régissent et que, dès lors, il n'y aurait plus d'ordre sur lequel on pût compter.

En effet, il n'est pas de l'essence d'une loi de ne jamais souffrir la moindre exception. Que d'exceptions on fait aux lois civiles sans les abroger et sans détruire l'ordre social ! Malgré quelques dérogations, les lois physiques n'en conserveraient pas moins leurs droits, et, dans tous les autres cas, leur efficacité, de telle sorte que l'ordre physique n'en serait ni détruit ni troublé.

D'ailleurs si l'on considère l'ordre universel (1), un miracle n'est même pas une dérogation. L'ordre admet et exige la subordination des forces. Il est dans l'ordre, et ce n'est pas une dérogation à l'ordre général, qu'un

(1) Nous appelons ici ordre universel, celui qui embrasse, sans exception, tous les effets, toutes les forces. toutes les causes, y compris la cause première qui est Dieu.

homme suspende, pour une pierre, la loi de la pesanteur, en l'arrêtant, de sa main, dans sa chute, ou en la lançant dans les airs. La pesanteur de la pierre est, dans le cas présent, une force inférieure à celle que l'homme a déployée et lui est subordonnée. Or, toutes les forces créées sont subordonnées à Dieu, la cause et la force suprêmes. Il peut donc en suspendre l'effet, sans déroger à l'ordre universel, selon lequel tous les êtres sont soumis et obéissent à leur créateur.

II. *Une dérogation aux lois établies ne répugne à aucun des attributs de Dieu :*

Elle ne répugne ni à sa *science*, car cette dérogation, il l'avait prévue ; ni à *l'immutabilité* de sa volonté, en ce sens qu'il voudrait ce que d'abord il n'avait pas voulu, car Dieu, par un seul et même acte, a, de toute éternité, voulu tout d'un vouloir simultané, lois et dérogations ; ni à sa *sagesse*, en ce sens qu'il violerait l'ordre magnifique qu'il a établi ou en corrigerait des côtés défectueux qu'il n'avait point prévus. Comme nous l'avons prouvé, l'ordre universel n'est pas violé par les miracles, et ce n'est pas pour conserver l'ordre matériel ou accroître les splendeurs de l'univers visible que Dieu les produit. Ajoutons qu'une foule de raisons très sages et d'un ordre supérieur à l'ordre physique peuvent le déterminer à opérer des miracles ; par exemple, de manifester son indépendance et son autorité à l'égard des lois de la nature, de raviver l'idée de sa puissance et de sa bonté dans l'esprit de l'homme que le spectacle habituel des merveilles de l'univers ne frappe plus, d'entourer de prestiges ses représentants, de marquer comme de son sceau, pour en garantir la vérité, les mystères qu'il lui plaît de révéler, etc. Cette dérogation enfin ne répugne pas à sa *puissance*, car du plus ou moins la conclusion est rigoureuse. Le Dieu infini, qui a créé les mondes de rien, peut bien suspendre certaines des lois que lui-même a librement établies. « Comme c'est Dieu, dit « saint Thomas, qui, par sa libre volonté, a institué « l'ordre des choses naturelles, il n'a ni enchaîné ni « épuisé sa puissance par la création, de telle sorte

« qu'il ne puisse plus agir en dehors du cours na-
« turel des choses (1). »

A ces raisons nous ajouterons les deux suivantes qui
constituent l'argument de *sens commun* :

1° L'histoire nous montre tous les peuples qui prient
pour obtenir de véritables dérogations au cours ordinaire de la nature. Puisque l'humanité prie de la sorte,
c'est qu'elle ne voit pas, dans ces lois de la nature, une
aveugle et inflexible nécessité, c'est qu'elle estime que
Dieu peut les modifier selon les exigences de sa sagesse
et de sa bonté. Si tout arrivait fatalement, la prière
serait un non-sens.

2° Tous les peuples ont des miracles à citer ; tous
ont donc cru et croient à la possibilité des miracles. Or
la croyance aux miracles entraîne des conséquences
si graves, qu'il répugne à la Providence divine de permettre que le genre humain tout entier se trompe sur
cette question.

Quant à la croyance aux faux miracles, loin d'ébranler
la possibilité du vrai miracle, elle la confirme. « Il me
« paraît évident, dit Pascal, qu'il n'y a tant de faux mi-
« racles que parce qu'il y en a de vrais. Car s'il n'y avait
« jamais eu de tout cela, il est comme impossible que
« tous les hommes se le fussent imaginé et encore plus
« impossible que d'autres l'eussent cru. Et aussi au lieu
« de conclure qu'il n'y a point de vrais miracles, il faut
« dire, au contraire, qu'il y a de vrais miracles, puis-
« qu'il y en a tant de faux. »

Citons en terminant ces mots du Concile du Vatican :
« Si quelqu'un dit qu'il ne peut pas se faire de miracles,
« qu'il soit anathème (2). »

*Y a-t-il des miracles qui dépassent le pouvoir naturel
des esprits ?*

Assurément. Les esprits ne peuvent pas produire dans
les corps, des faits, des modifications qui ne résul-
teraient pas de l'application des forces naturelles, déjà
existantes dans la matière. Saint Thomas nous en donne
la raison : « (Tout artiste), toute créature qui veut pro-

(1) Somme théol. I. Quæst. CV, art. 6.
(2) Sess. 3 de la Foi, can. 4.

« duire une œuvre quelconque, a besoin d'une matière
« première (marbre, bois, fer, etc.) sur laquelle il
« exerce son art. Dieu seul peut faire quelque chose
« de rien. Mais de même qu'aucune créature ne peut
« créer, nul ne peut tirer d'une matière première que
« ce que cette matière première est capable, par sa
« nature, de produire. Communiquer aux corps des
« modifications qui ne sont pas du ressort de leurs
« facultés naturelles, c'est tirer quelque chose de
« rien, c'est créer (1) ». Les créatures ne possèdent pas
ce pouvoir.

*Les esprits peuvent-ils, par leur propre vertu,
produire des faits qui dépassent le pouvoir de l'homme ?*

Assurément. Les esprits sont, par leur intelligence
et leur puissance, supérieurs à l'homme, ils ont donc,
sur la nature, des connaissances et un pouvoir plus
grands que celui de l'homme. Ainsi, un homme peut,
malgré les lois de la pesanteur, élever une pierre en
l'air, un esprit pourra en élever une d'un poids
beaucoup plus considérable. L'homme connaît des
remèdes qui guérissent certaines maladies, un esprit
en connaîtra de plus efficaces et d'un effet plus rapide
que l'homme ignore, etc.

Ces faits extraordinaires dus au pouvoir des esprits
ont reçu, comme nous l'avons dit précédemment, la
dénomination, non pas de miracles, mais de *prodiges*.

Comment les esprits opèrent-ils les prodiges ?

En appliquant les forces déjà existantes dans la matière, ce qui peut se faire de deux manières :

1° *Par le mouvement.* On peut considérer comme résultat du mouvement : le transport subit de certains
objets, des effets de lumière, de chaleur, d'électricité,
la formation de certains corps par l'agglomération
de molécules matérielles, des sensations et représen-
tations excitées dans les organes de l'homme, etc.

2° *Par l'emploi de principes actifs* naturels, par
exemple, pour certaines maladies, de remèdes inconnus
à l'homme, etc.

(1) Contre les Gentils, l. 3, c. 102.

Aucun esprit ne pourrait, par *son seul commandement,* ni apaiser une tempête, ni remettre un membre brisé.

Dieu laisse-t-il les esprits libres de produire tous les prodiges qui ne dépassent pas leur puissance naturelle ?

Nullement. Il serait contraire à la Providence divine, en effet, qu'ils pussent à leur gré bouleverser l'univers, car, dans cette hypothèse, toute science physique et la vie même de l'homme deviendraient impossibles, par l'incertitude perpétuelle où l'on serait sur la constance des phénomènes de la nature.

Le pouvoir des mauvais esprits, et celui-là seul est à redouter pour l'homme, ne peut donc s'étendre qu'à un nombre de cas très restreint et de peu d'importance.

De plus, même dans les limites du pouvoir que Dieu leur laisse, toujours la Providence divine aura soin que leurs actes, dans les cas où ils pourraient être pour l'homme une cause d'erreur, soient accompagnés de signes qui les fassent reconnaître de quiconque veut sincèrement s'assurer de la vérité.

§ 3. POSSIBILITÉ DE VÉRIFIER L'EXISTENCE DES MIRACLES

Est-il possible de constater les miracles ?

Il ne s'agit pas ici de savoir si nous pouvons constater tous les miracles, quels qu'ils soient et dans quelques circonstances qu'ils se présentent. Pouvons-nous tout au moins constater des miracles qui se présenteraient dans certaines circonstances déterminées et qui seraient donnés comme témoignage divin, en confirmation de la vérité d'une doctrine ? Telle est la seule question qui nous intéresse et que nous ayons en vue. A cette question, nous répondons affirmativement.

Comment peut-on constater les miracles ?

En constatant 1° *leur vérité historique,* c'est-à-dire l'existence des faits réputés miraculeux ; 2° *leur vérité philosophique,* c'est-à-dire leur caractère miraculeux.

Or *dans certains cas,* nous le répétons, cette double constatation est possible. Quiconque soutiendrait le contraire tomberait sous l'anathème du Concile du Vatican dont le décret est ainsi conçu : « Si quelqu'un dit que les miracles ne peuvent pas être constatés avec certitude, qu'il soit anathème (1) ».

Comment constater l'existence des faits réputés miraculeux ?

Ces faits peuvent être connus, comme tous les faits, soit *par la raison* et *par les sens*, s'ils se produisent à proximité, et il suffit, dans ce cas, d'avoir des organes sains et de prêter attention. Rien de plus facile, par exemple, que de constater qu'un homme marche sur les eaux et cela sans aucun secours matériel, ou qu'un lépreux est guéri instantanément au seul commandement ; soit *par le témoignage*, si l'on est séparé des faits par le temps ou par l'espace. Il suffit, dans ce cas, de s'assurer que le témoignage qui rapporte un miracle est revêtu des conditions requises par les principes de la logique, à savoir que les témoins n'ont pas été trompés et n'ont pas voulu tromper. Ces conditions sont incontestablement remplies lorsque, par exemple, les témoins sont différents de caractère, d'éducation, de nationalité, qu'ils sont nombreux, qu'ils parlent contre leur intérêt, enfin que des contradicteurs peuvent se lever contre eux dans l'hypothèse où ils affirmeraient un fait qui fût faux. Si l'on ne pouvait ajouter foi à la certitude historique des miracles, parce qu'elle a pour fondement le témoignage faillible des hommes, il faudrait nier toute certitude historique et morale et regarder comme incertain tout ce qui s'est passé dans l'antiquité. Les adversaires eux-mêmes des miracles n'admettent pas cette conclusion.

L'impossibilité physique n'enlève-t-elle pas toute valeur à la certitude historique dans la question du miracle ?

On peut objecter, en effet, que si, dans certaines conditions, il est impossible que des témoins soient trompés et puissent tromper, il est également impos-

____

(1) Session 3, de la Foi, can. 4.

sible que les lois de la nature soient suspendues, partant qu'à l'impossibilité morale d'erreur dans le témoignage, on peut opposer l'impossibilité physique du miracle.

Cette objection n'a aucune valeur, pour cette raison que l'impossibilité physique du miracle n'existe pas, Dieu pouvant par sa toute puissance déroger aux lois de la nature.

Comment constater le caractère miraculeux d'un fait?

Il suffit de constater :

1° Qu'il n'est le résultat ni de l'art ni de la fraude des hommes ;

2° Qu'il n'est produit par aucune force de la nature sensible ;

3° Qu'il n'est pas l'œuvre du démon.

À moins d'admettre un effet sans cause, il est évident qu'un fait qui se produit dans de telles conditions ne peut avoir que Dieu pour auteur ; remarquons qu'il ne s'agit pas de constater si le miracle en question dépasse toutes les forces de la nature créée ; ce qui suffit, c'est de démontrer que, dans tel cas donné, il n'est produit par aucune force de la nature créée et que Dieu est intervenu directement.

Qu'est-ce qui prouve qu'un fait n'est pas le résultat de l'art ou de la fraude?

1° L'examen des seules circonstances au milieu desquelles il se produit. Voici un homme transporté *à l'improviste* sous un chêne, que l'on se met en devoir d'abattre. Au moment où l'arbre, en tombant, va le toucher et l'écraser, d'un mot il l'arrête au-dessus de sa tête. Supposez-en un autre, dont les disciples, sans cesse à sa suite, voient toutes les démarches. Il guérit des lépreux et cela subitement. Qui doute que, dans ces deux cas, par exemple, les témoins n'aient pas été à même de se rendre compte qu'aucune préparation n'a été faite, aucun expédient humain employé ?

Dans bien d'autres cas, il n'est pas moins facile de s'assurer que le thaumaturge n'a eu recours à aucune industrie.

2° La disproportion qui existe entre le fait en question et le maximum de connaissance et de pouvoir que possède l'auteur du prodige. Un homme ignore une langue. Son ignorance est bien constatée. Il la parle. Évidemment il y a disproportion entre ce fait et la science naturelle qu'il possède. — Il y a même des faits tellement extraordinaires que, de l'aveu de tous, ils sont au-dessus de tout art humain. Ainsi la résurrection d'un mort, l'élévation d'un homme dans les airs sans moyens matériels, la guérison subite d'une plaie vive, la multiplication de cinq petits pains jusqu'à en pouvoir rassasier cinq mille hommes.

Dans le cas où l'intervention de l'art ne serait pas hors de tout soupçon, il n'y aurait pas lieu de se prononcer en faveur du caractère miraculeux du fait.

Ajoutons enfin qu'il est des cas où l'honnêteté, la loyauté, la sainteté du thaumaturge est si manifeste, que sa seule affirmation suffit pour éloigner de lui tout soupçon de fraude.

Peut-on savoir avec certitude qu'un fait réputé miraculeux n'est pas produit par les forces de la nature sensible ?

Assurément, au moins *dans certaines circonstances données*. La seule objection qui se fasse est celle-ci : nous ne connaissons pas toutes les forces de la nature, nous pouvons donc prendre pour un miracle, ce qui n'est que le résultat d'une force naturelle encore inconnue. Cette objection serait sérieuse, si nous prétendions être à même d'attribuer ou de refuser avec certitude le caractère miraculeux à tous les faits extraordinaires, quels qu'ils soient et dans quelques circonstances qu'ils se présentent. Mais, comme nous l'avons déjà dit, la seule chose que nous affirmons, c'est qu'il est possible de savoir que *certains faits* qui se produisent dans *certaines circonstances données*, ne sont produits par aucune force naturelle.

Comment peut-on constater qu'un fait réputé miraculeux n'est pas produit par les forces de la nature ?

Deux choses sont nécessaires et suffisent : 1° se rendre compte des diverses circonstances d'ordre physique dans lesquelles a lieu le fait en question ; 2° établir qu'aucune de ces circonstances n'est capable de le produire.

Etant donné, en effet, qu'aucune des circonstances d'ordre physique, c'est-à-dire naturel, qui accompagnent un fait, n'est capable de le produire, il faut bien, à moins d'admettre un effet sans cause, conclure à l'intervention d'une cause surnaturelle.

Comment peut-on se rendre compte des diverses circonstances d'ordre physique qui accompagnent un fait?

Comme on connaît tous les faits, en regardant, en écoutant. Un homme est jeté dans une fournaise ardente ; après un temps considérable, on l'en retire, il est sain et sauf. Rien de plus facile que de savoir, par exemple, s'il y a eu du feu dans la fournaise, si c'est bien dans les flammes que cet homme a été jeté, combien de temps il y est resté, dans quelles conditions de vêtements il était, etc. — Une violente tempête éclate sur mer : un homme, debout à l'avant d'une barque, ordonne, de la voix et du geste, aux vents de cesser de souffler, aux flots de s'apaiser. Le calme renaît soudain dans l'air et sur les eaux. Quoi de plus facile encore que de se rendre compte si la tempête existe réellement, si elle est à ce moment de violence, où il est impossible aux flots de se calmer subitement, si cet homme a vraiment commandé, de quelle façon il l'a fait, etc. ? — On porte un homme en terre : à la voix d'un passant qui fait arrêter le convoi, il se lève plein de vie et marche. Est-ce donc vraiment si difficile de savoir si cet homme était réellement mort et dans quelles circonstances il est ressuscité.

Il faut bien, du reste, admettre que cette connaissance des circonstances ou des conditions dans lesquelles un fait se produit soit possible, *au moins en certains cas*, autrement on ne pourrait jamais déterminer la cause d'aucun fait. Cette détermination, en effet, ne peut se faire qu'après élimination de toutes les autres causes supposables, ce qui exige un examen rigoureux des circonstances. Le raisonnement qu'on appelle *Induction*, dont la légitimité est universellement admise, est fondé sur cette étude des circonstances et suppose la possibilité de les constater, tout au moins, encore une fois, dans certains cas.

Supposé cette constatation des circonstances imparfaite, il y aurait lieu de surseoir à trancher la question du miracle, jusqu'à ce que, l'observation étant renouvelée, on ait pu suffisamment apprécier et le fait et les conditions dans lesquelles il s'est produit.

Peut-on être certain qu'aucune des circonstances (1) au milieu desquelles un fait apparaît, n'est capable de le produire naturellement ?

Oui, à la condition qu'on n'accepte, comme faits miraculeux, que ceux qui apparaissent *au milieu de circonstances déjà expérimentées, bien connues, dont on a été à même d'apprécier le pouvoir ou l'impuissance à l'égard du fait qu'il s'agit d'apprécier.* Or assurément il est des circonstances, où, comme on dit en philosophie, des antécédents, des causes, dont on ignore la force naturelle ; tout au moins ne sait-on pas jusqu'où s'étend leur pouvoir. Ainsi, longtemps on a ignoré la force de la vapeur comprimée, et l'on ne sait encore jusqu'où s'étend celle de l'électricité. Mais, il est de ces antécédents, de ces causes, dont on connaît les effets positifs, par exemple que le feu éclaire, échauffe, brûle ; que certains poisons font mourir. Il en est d'autres sur l'impuissance desquels on n'a aucun doute, par exemple, qu'un homme, par ses forces naturelles, n'arrivera jamais ni à soulever une montagne, ni à multiplier cinq pains et deux poissons de façon à en rassasier cinq mille hommes, ni à arrêter le coucher du soleil, etc. Nous le répétons, nous ne prétendons pouvoir constater le miracle que

---

(1) Par circonstances nous entendons ici les divers phénomènes qui accompagnent un fait. Beaucoup de philosophes désignent ces circonstances sous le nom d'antécédents, de phénomènes concomitants. Excepté les miracles, tout fait a un rapport de causalité avec l'un ou l'autre des circonstances, des antécédents qui l'accompagnent, autrement dit : parmi les antécédents d'ordre physique d'un fait, à moins qu'il ne s'agisse d'un miracle, il y en a toujours un ou plusieurs qui sont la cause naturelle de ce fait, qui ont le pouvoir de le produire.

dans certains cas déterminés : ces cas déterminés sont ceux où il se présente *au milieu de circonstances, avec des antécédents maintes fois observés et dont on connaît, sans nulle crainte d'erreur, le pouvoir ou l'impuissance à l'égard de tel ou tel fait particulier.*

Objection

On dit parfois qu'il y a trois ou quatre cents ans, certains phénomènes comme la lumière électrique, la rapidité des communications par télégraphe, auraient été estimés des miracles.

Des appréciations défectueuses peuvent exister dans tous les temps, mais elles n'infirment en rien la légitimité des conditions que nous exigeons pour qu'on puisse se prononcer sur le caractère miraculeux d'un fait. Ainsi les diverses circonstances au milieu desquelles se produisent aujourd'hui les phénomènes électriques en question, n'avaient pas encore été observées il y a trois cents ans. Il était donc impossible de se prononcer sur leur pouvoir ou leur impuissance naturelle.

Peut-être, en effet, certains auraient-ils regardé ces phénomènes électriques comme des miracles, mais il y aurait eu, alors comme aujourd'hui, des gens éclairés qui auraient avoué leur ignorance et suspendu leur jugement.

C'est ainsi que l'Eglise, quand apparaissent des faits nouveaux, comme aujourd'hui ceux de l'hypnotisme, attend, avant de se prononcer dans un sens ou dans un autre, que de nombreuses expériences aient permis de juger sainement des faits et de leurs causes.

Comment est-on arrivé à connaître le pouvoir ou l'impuissance, à l'égard d'un fait déterminé, des circonstances qui l'accompagnent ?

Comme on est arrivé à connaître toutes les lois physiques, par les procédés ordinaires de l'*Induction*, c'est-à-dire l'observation et l'expérimentation. C'est en renouvelant les observations, en variant les expériences, que nous savons que tous les corps tombent dans le vide avec la même vitesse, que la pression atmosphérique est incapable de faire monter une colonne d'eau dans un tube où l'on a produit le vide, à plus de 10m 33 de hauteur. Les circonstances d'après lesquelles on a déterminé la vitesse du son, ou le rôle du poids de l'air dans l'ascension des liquides, n'ont pu être appréciées, à l'origine, que par des savants ; mais il en est qui sont à la portée de tout le monde, par exemple, dans quelles circonstances un mort ne peut pas ressusciter, une tempête être calmée, un grain de blé germer, un bâton produire des fleurs et des fruits.

L'impuissance de la seule voix humaine, sous quelque forme qu'elle se fasse entendre, impérative ou insinuante, à produire ces prodiges, n'est pas un fait moins certain. Ce sont là des lois négatives qui n'ont été admises qu'après des tentatives nombreuses du contraire, tentatives dont chacune sans doute, n'était pas méthodique comme une étude de savant de profession, mais qui se sont complétées à la longue par leur multiplicité et leur diversité.

Quand et par qui ont été faits les premiers essais, les premières observations, les premières expériences ? Sans doute dès l'origine des temps, tantôt dans un endroit, tantôt dans un autre ; à coup sûr ils ont existé et ont servi de base à des inductions qu'on peut appeler de *sens commun*, parce qu'elles sont le résultat des observations et de l'expérience *de tous*. Ce sont ces inductions de sens commun qui peuvent, du reste, être sans cesse contrôlées et par tout le monde, qui nous ont amenés à pouvoir proclamer avec certitude, que tel antécédent, tel groupe de circonstances et d'antécédents est incapable de produire tel phénomène.

Résumons la question de la constatation du miracle par un exemple : un homme est jeté dans une fournaise ardente ; après plusieurs heures, on l'en retire sain et sauf. Personne ne peut nier qu'on ne puisse, dans certains cas, savoir : 1° *au milieu de quelles circonstances d'ordre naturel se trouvaient homme et fournaise ;*

2° *Qu'aucune de ces circonstances n'a pu amener le résultat obtenu,* partant qu'une cause invisible et surnaturelle est intervenue.

N'y a-t-il pas lieu d'objecter qu'une cause naturelle peut surgir soudain, à notre insu, et produire le fait prétendu miraculeux ?

Non, car nous supposons que les circonstances, au milieu desquelles se produisent les miracles, sont *exactement les mêmes que celles où ils ne se produisent pas* (1). De là l'étonnement que nous causent ces faits et le choix du mot miracle pour les exprimer. Ainsi les conditions dans lesquelles furent épargnés les trois jeunes Hébreux jetés dans la fournaise ardente de Babylone, étaient les mêmes que celles qui virent dévorer par les flammes leurs bourreaux, et dans lesquelles tout objet combustible est consumé par le feu ; ils devaient donc être infailliblement brûlés, car dans les *mêmes circonstances*, les *mêmes phénomènes* se produisent invariablement, Jamais il ne surgit de force naturelle modifiant les phénomènes précédemment constatés. C'est sur ce principe qu'au milieu de circonstances *exactement les mêmes*, il n'apparaît pas, à l'improviste, de forces naturelles capables de modifier les effets invariablement constatés, que sont fondées les lois, les sciences physiques, et le raisonnement par induction. Pourquoi n'aurait-il pas la même valeur dans la question des miracles ?

D'ailleurs, la plupart des miracles dont la constatation nous intéresse, apparaissent au commandement d'un thaumaturge. Or, ou bien ces causes naturelles surgissent à sa parole spontanément et par hasard, ou bien il les provoque sciemment et à son gré. La première hypothèse est ridicule. Comment le hasard ferait-il ainsi apparaître des forces naturelles juste au moment où le thaumaturge en aurait besoin ?

(1) Ce fait est très important à remarquer dans la question des miracles. S'il n'y avait pas similitude de circonstances, d'antécédents d'ordre naturel, dans les cas où les miracles se produisent et ceux où ils ne produisent pas, on ne pourrait point conclure à l'impuissance des agents naturels. Or, il y a des cas qui ont été observés, expérimentés, avec toutes leurs circonstances ou antécédents naturels, circonstances ou antécédents dont on a pu apprécier le pouvoir ou l'impuissance. C'est dans ces sortes de cas seulement que nous oserons dire s'il y a miracle ou non.

La seconde ne résout pas la question. Ou bien, en effet, le thaumaturge connaît naturellement ces forces et alors ses miracles sont le résultat de l'art et de la fraude, ce dont il est facile de s'assurer, ainsi que nous l'avons expliqué page 73, ou bien il les connaît par une voie surnaturelle, et le miracle n'en existe pas moins sous une autre forme. Si, dans ce cas, le miracle n'est pas dans l'acte, il est dans la connaissance du thaumaturge.

Il est de toute évidence enfin, que si un thaumaturge pouvait appuyer la doctrine qu'il prêche sur des prodiges opérés dans les circonstances énoncées ci-dessus, et qu'il fut impossible à l'homme de savoir quelle est l'origine de ces prodiges, l'homme serait exposé à prendre nécessairement l'erreur pour la vérité, ce qu'il répugne à la Providence de permettre.

Ces explications étant données, on comprend que le point essentiel, quand il s'agit de déterminer si un fait est un miracle, soit d'être circonspect, et de se bien rendre compte : 1° si l'on a exactement saisi les diverses circonstances au milieu desquelles ce fait se produit ; 2° s'il est absolument établi qu'aucune de ces circonstances n'explique naturellement le fait. En cas de doute sur l'une ou l'autre de ces conditions, il ne serait pas sage de se prononcer pour l'affirmative.

Nous verrons plus loin que les miracles évangéliques nous mettent complètement à même d'obtenir à leur endroit, cette double certitude.

Que penser des guérisons obtenues par l'hypnotisme ?

Qu'elles ne prouvent rien contre ce que nous avons dit à propos des miracles, à savoir : 1° que le miracle en soi est possible ; 2° qu'on peut le constater dans certains cas.

Ces guérisons, qui ne portent, du reste, que sur des maladies sans gravité, et les autres effets physiologiques qui sont produits dans l'état hypnotique, ne sont généralement (1) que des faits, les uns déjà an-

____

(1) Nous disons *généralement*, car il n'est pas absolument démontré que plusieurs de ces faits ne sont pas dus à l'intervention des esprits.

ciens; les autres nouveaux qu'explique la doctrine de *l'influence du moral sur le physique.* De tout temps on a eu à citer des faits singuliers, résultant de cette influence, par exemple, des personnes s'évanouissant ou voyant leurs cheveux blanchir en quelques heures, ou même expirant sous le coup d'une frayeur extrême, la mort d'individus à qui l'on faisait croire que leur sang s'échappait de leurs veines ouvertes, des battements de cœur, la pâleur ou la rougeur du visage, des troubles d'estomac par suite d'émotions vives, ou encore des malaises physiques de toutes sortes disparaissant par suite de la joie et de la bonne humeur, etc., etc.

La seule conclusion à tirer de ces guérisons et autres faits hypnotiques, c'est, lorsqu'on se trouve en présence d'un effet qui semble miraculeux, de voir : 1 °s'il appartient à la catégorie des faits qui ressortent de l'hypnotisme ; 2° si, dans l'espèce, il est dû à l'action hypnotique.

Que de faits prodigieux qui ne sont point des guérisons, dans lesquels l'imagination n'exerce aucune influence, et qui ne tiennent nullement à l'hypnotisme, comme de changer de l'eau en vin, de nourrir cinq mille hommes avec cinq petits pains et deux poissons, de marcher sur les eaux, de ressusciter un mort, d'apaiser une tempête !

Que de guérisons, à l'endroit desquelles l'hypnotisme est impuissant, guérisons par exemple de personnes séparées du thaumaturge par une distance de plusieurs lieues, et guéries sans qu'elles soupçonnent ni sa volonté de les guérir ni son action ; guérisons instantanées d'os brisés, de cancers, de phthisie, etc ! Que de faits enfin du ressort de l'hypnotisme, qui peuvent être et sont, en fait, produits par d'autres causes naturelles et pourraient l'être, dans un cas donné, par une cause surnaturelle !

Y a-t-il des signes auxquels on puisse reconnaître qu'un fait est l'œuvre des mauvais esprits ?

Oui, tout au moins quand il s'agit de faits capables de confirmer une doctrine ; car, si ces signes n'existaient pas, Dieu aurait manqué à sa sagesse et à sa bonté, en nous abandonnant nous, créatures raisonnables, aux caprices de pervers qui compromettraient nos intérêts les plus graves, au détriment même de la gloire divine.

Quels sont ces signes ?

1° *L'infériorité des faits.* Les mauvais esprits n'opèrent que des prodiges très secondaires qui s'expliquent par le mouvement ou l'application à la matière de principes actifs naturels : transports d'objets de poids plus ou moins considérable, guérisons faciles et sans durée, apparitions..., etc...

2° *Le désaccord et la confusion des faits..* Les produits de la force diabolique sont sans liaison entre eux. Jamais ils n'arriveront à simuler, durant un certain temps, une action providentielle. Souvent les prodiges se rapportent à des affirmations qui se combattent. Ceux de Memphis contrarient ceux de Delphes, ceux de Delphes ce qui se fait ailleurs.

3° *L'orgueil et la corruption des thaumaturges.*

4° *Les circonstances ridicules qui accompagnent les faits, et leur but léger et dégradant.* Les œuvres des mauvais esprits n'ont jamais d'autre but que de satisfaire une vulgaire curiosité ou d'enseigner une doctrine contradictoire, grossière et funeste par les vices auxquels elle conduit.

Quels sont les signes auxquels on reconnaît l'action divine ?

1° *L'éclat des faits.* Il est certains miracles, comme la résurrection d'un mort, qui équivalent à une véritable création. Ceux-là évidemment ne peuvent avoir que Dieu pour auteur.

2° *L'accord des faits entre eux.* Quels que soient l'espace et le temps qui les séparent, les faits divins sont la confirmation de faits divins antérieurs ou simultanés.

3° *Leur but.* Le but des prodiges divins est ordinairement un but immédiat de bienfaisance, et l'enseignement d'une doctrine grave, simple, conforme aux principes de la raison et de la loi naturelle.

4° *L'auréole de vertu* qui rayonne au front des thaumaturges. Il est naturel que Dieu ne se serve généralement que d'instruments dignes de respect. En fait, à peine compterait-on quelques rares pervers chez les hommes que Dieu a gratifiés du don des miracles.

N'y a-t-il pas un cercle vicieux à prouver la réalité du miracle par la sainteté de la doctrine et la sainteté de la doctrine par la réalité du miracle ?

Nullement, car nous supposons tout d'abord que le fait en question dépasse les forces naturelles soumises au pouvoir de l'homme et que l'intervention d'une cause surnaturelle est hors de doute. Ce point établi, il ne reste plus qu'à déterminer si cette cause surnaturelle est Dieu ou de mauvais esprits. Évidemment nous conclurons pour ces derniers si la doctrine enseignée est en opposition avec les principes de la raison et de la morale naturelle ; en faveur de Dieu, si elle est marquée au coin de la bonté, de la grandeur, de la sainteté.

§ 4. FORCE DÉMONSTRATIVE DU MIRACLE

Le miracle peut-il prouver la vérité d'une doctrine et la divinité d'une révélation ?

Incontestablement. Supposez la circonstance suivante : Un homme propose une doctrine et annonce qu'en confirmation de la vérité de cette doctrine, il va opérer un miracle. Nulle autre raison d'être de ce miracle n'existe. Le miracle est opéré. Que conclure ? 1° Que Dieu est intervenu ; 2° que Dieu a posé comme son sceau au bas de cette doctrine et en garantit la vérité. Qui oserait dire que le miracle opéré ne prouve pas la vérité de la doctrine proposée ? Et si le thaumaturge affirme que sa doctrine lui a été révélée par Dieu, le miracle manifeste l'approbation en même temps que l'intervention divine et démontre la divinité de la révélation.

Dieu, en effet, peut permettre que nous nous trompions, mais il ne peut pas se porter garant d'un mensonge et nous induire lui-même dans l'erreur par un acte positif.

N'y a-t-il pas des nations que les prodiges opérés par les mauvais esprits ont contribué à précipiter dans l'erreur ?

Assurément, mais on peut affirmer qu'à l'origine, ces nations, éclairées par la révélation ou la loi naturelle, avaient toute facilité de reconnaître les œuvres diaboliques, et qu'elles ne sont tombées dans l'erreur, que parce qu'elles l'ont voulu, pour satisfaire leur orgueil et leurs passions. Aujourd'hui ces nations subissent, d'une génération à l'autre, la loi de la transmission héréditaire de l'erreur, et peut-être sont-elles charmées, par conséquent coupables, de voir justifiées, par des merveilles équivoques, toutes les débauches de leur cœur.

A aucun homme de ces nations, du reste, la lumière et la grâce suffisantes ne font défaut, et la miséricorde divine est telle que nul ne se perd sans l'avoir voulu.

ARTICLE II

De la Prophétie

§ 1° NATURE DE LA PROPHÉTIE

Qu'appelle-t-on prophétie ?

On appelle prophétie la prédiction certaine faite, sous l'inspiration divine, d'un événement futur qui ne peut être connu dans des causes naturelles.

Qu'entend-on par prédiction certaine ?

On entend par prédiction certaine une prédiction qui n'est ni vague, ni équivoque et applicable à tout événement, ni conjecturale, comme le sont, par exemple, les prévisions des hommes politiques ou des médecins, mais qui est précise et repose sur une connaissance certaine.

Qu'entendez-vous par ces mots « qui ne peut être connu dans des causes naturelles » ?

On entend par ces mots un événement futur contingent. Les futurs contingents, en effet, dépendent de

causes libres, la volonté de Dieu ou celle de l'homme.
Or, des futurs contingents ne peuvent pas être connus
dans leurs causes naturelles. Une volonté libre, encore
inactive, ne révèle rien de déterminé. C'est une table
rase. Beaucoup de faits de l'ordre physique, au contraire, se manifestent à l'avance dans divers phénomènes.
On peut prévoir une tempête à la direction du vent, à
la couleur et au simple plissement de l'eau, la mort
d'un homme à certains symptômes de sa maladie, le
retour d'une comète à la direction de sa marche, etc.

§ 2. POSSIBILITÉ DE LA PROPHÉTIE

La prophétie est-elle possible ?

Sans nul doute. Il suffit, pour que la prophétie soit
possible, que Dieu ait la connaissance anticipée des
futurs contingents et qu'il puisse la communiquer.

Dieu peut-il prévoir les futurs contingents ?

Assurément. Si Dieu ne connaissait pas de toute
éternité les futurs contingents, sa science ne serait pas
infiniment parfaite, car lorsqu'ils auraient lieu, ou bien
il les ignorerait, ou bien il en acquerrait alors seulement la connaissance et, de la sorte, accroîtrait et per-
fectionnerait sa science. L'une et l'autre hypothèse
répugne à l'infinie perfection de la science divine. Pour
Dieu, il n'y a ni avenir ni passé. De toute éternité, tous
les événements s'offrent à Lui, dans un présent lumi-
neux.

*Dieu peut-il communiquer aux hommes la connais-
sance de l'avenir ?*

Il serait absurde de soutenir que Dieu qui nous a
donné les moyens d'épancher au dehors notre science,
soit lui-même impuissant à communiquer à l'homme
ses pensées et à lui confier la mission de les faire
connaître à d'autres.

*Citez l'argument de sens commun en faveur de la
possibilité de la prophétie ?*

Tous les peuples ont cru à la possibilité de la prophétie comme à celle des miracles. Les prophéties des Juifs et des Chrétiens, les oracles de Dodone et de Delphes chez les Grecs, des devins et des sibylles à Rome, toutes les consultations fondées sur le vol des oiseaux, le cours des astres, les entrailles des victimes, etc., en sont la preuve incontestable. Or la croyance universelle ne peut errer sur une question d'une si grave importance.

§ 3. POSSIBILITÉ DE CONSTATER L'EXISTENCE ET LA RÉALISATION DES PROPHÉTIES

Que faut-il pour constater l'existence et la réalisation d'une prophétie ?

Il faut pouvoir constater trois choses :

1° Qu'il s'agit d'une prophétie véritable, c'est-à-dire ayant pour objet un événement futur libre, dépassant par conséquent la connaissance de toute intelligence créée.

2° Que la prophétie en question a été faite antérieurement à l'événement.

3° Qu'elle a été littéralement accomplie.

Il est facile, d'après ce qui a été dit plus haut de la nature de la prophétie, de se rendre compte si une prédiction est ou non une prophétie.

Comment savoir qu'une prophétie est antérieure à l'événement et qu'elle est littéralement accomplie ?

Comme on connaît tout autre fait :

1° Par ses propres facultés, sens et raison, si l'on est témoin de la prédiction d'un fait et de sa réalisation ;

2° par le témoignage, si l'on en est séparé par l'espace ou le temps. Le témoignage se traduit par des monuments, des traditions, des écrits, etc. Si le témoignage ne suffisait pas pour engendrer la certitude, quand il s'agit de l'existence et de la réalisation d'une prophétie, il ne devrait suffire pour aucun autre fait, dont on n'est pas témoin, et, dès lors, toute certitude historique serait détruite.

Ne peut-il pas arriver que des événements prédits par conjecture se réalisent par hasard ?

Assurément ; ce qui faisait dire à Jean-Jacques Rousseau : « Je dis qu'aucunes prophéties ne sauraient « faire autorité pour moi, parce que, pour qu'elles le « fissent, il faudrait..... qu'il me fût démontré que cet « événement n'a pu quadrer fortuitement avec la pro- « phétie ; car, fût-elle plus précise, plus claire, plus « lumineuse qu'un axiôme de géométrie, puisque la « clarté d'une prédiction faite au hasard n'en rend pas « l'accomplissement impossible, cet accomplissement, « quand il a lieu, ne prouve rien à la rigueur, pour « celui qui l'a prédit (1). »

Cette appréciation de Rousseau est fausse. Il existe nombre de faits dont on est très légitimement certain et qui pourtant ne se démontrent pas avec une rigueur mathématique.

Dans quels cas la prédiction et la réalisation de faits ne peut-elle pas être attribuée au hasard ?

Supposez qu'il s'agisse de faits précis, clairement énoncés, multiples, sans rapport les uns avec les autres, détaillés, non seulement en eux-mêmes, mais dans les diverses circonstances de leur réalisation, lieu, date, personnes ; supposez surtout qu'il s'agisse de faits appartenant à l'ordre surnaturel, et que tous ces faits s'accomplissent à la lettre ; qui oserait prétendre qu'il n'y a là que des conjectures fortuitement réalisées ? Nous n'aurons pas la certitude métaphysique que la prédiction et la réalisation de tels faits ne sont pas l'effet du hasard, mais nous en aurons la certitude morale, qui n'en est pas moins absolue.

§ 4. FORCE DÉMONSTRATIVE DE LA PROPHÉTIE

La prophétie peut-elle prouver la vérité d'une doctrine et la divinité d'une révélation ?

Oui, à une double condition : 1° Qu'elle ne puisse avoir que Dieu pour auteur ; 2° qu'elle ne puisse pas être faite en confirmation de l'erreur.

(1) Émile.

N'y a-t-il que Dieu qui puisse par lui-même prévoir les futurs contingents ?

Assurément. En effet,

I. Les futurs contingents, étant donné qu'ils ne soient pas révélés, ne peuvent être connus que dans leurs causes ou en eux-mêmes.

Or, 1° ils ne peuvent pas, comme nous l'avons déjà dit, *être vus dans leurs causes.* Ces causes en effet, par cela qu'elles sont libres et capables de les produire ou de ne pas les produire, ne fournissent aucune indication déterminée ; 2° *ils ne peuvent être vus en eux-mêmes,* par aucune créature, car cette connaissance exige la puissance d'une intelligence infinie, éternelle, immuable, pour qui les futurs libres soient comme présents dans leur réalité objective.

II. Tous les peuples ont donné à la prophétie une origine exclusivement divine. Les hommes, qui annonçaient l'avenir, étaient, dit Isidore de Séville (liv. viii, Étymol.), appelés divins. En consultant les oracles, on pensait s'adresser aux Dieux mêmes. La Pythie de Delphes était considérée comme l'interprète d'Apollon. L'étymologie du mot divination dit quel auteur les anciens assignaient à l'acte d'annoncer l'avenir.

La prophétie peut-elle être faite en confirmation de l'erreur ?

Non, puisqu'elle est, comme le miracle, un fait exclusivement divin, une manifestation de l'intervention divine. Dieu ne peut pas intervenir pour soutenir le mensonge et propager l'erreur. Toute doctrine, toute affirmation qui s'appuie manifestement sur une prophétie, est donc vraie.

Les esprits peuvent-ils faire des prédictions ?

Les esprits peuvent prédire certains faits de l'ordre physique qui, tout en dépassant la science de l'homme, leur apparaissent dans leurs commencements ou dans leurs causes, par exemple, qu'une tempête éclatera au bout de quelques heures ou de quelques jours, dans un lieu déterminé. Ils peuvent, en effet, l'avoir vue commencer à une longue distance et se diriger, selon une vitesse donnée, vers l'endroit indiqué ; il leur est facile quelquefois d'annoncer qu'un homme mourra ou guérira d'une maladie, parce qu'ils connaissent au juste le tempérament du malade et la nature de sa maladie.

Quant à certains futurs libres, l'intelligence que les esprits ont des événements, du caractère des hommes, de leurs motifs d'action, les met à même de les conjecturer plus sûrement que nous ; mais ils sont incapables de faire des prophéties proprement dites, parce qu'ils n'ont aucun moyen de connaître avec certitude les futurs contingents.

L'esprit humain n'est-il pas capable de faire aussi certaines prédictions ?

Tout le monde sait que l'esprit humain arrive à prévoir scientifiquement certains faits de l'ordre physique, et à faire des conjectures plus ou moins certaines, comme en font les médecins et les hommes politiques ; saint Thomas va plus loin : il affirme que l'esprit humain placé dans des conditions qui l'isolent en quelque sorte de la matière et surexcitent son activité, peut s'élever à une telle subtilité de sensation, qu'il arrive à percevoir des impressions de causes naturelles qu'il n'aurait point perçues, et à pressentir des effets de ces causes naturelles qu'il n'aurait point pressenties, dans son état ordinaire. « De là vient, ajoute-« t-il, que, selon Grégoire, l'âme, à l'approche de la « mort, annonce parfois des choses futures (1) ».

Là se trouve aussi l'explication de certaines prédictions faites par les somnambules, mais ces prédictions n'ont pas pour objet des futurs libres ou demeurent plus ou moins conjecturales. Elles ne sont pas de vraies prophéties.

Que penser des oracles chez les peuples païens ?

1° Que beaucoup doivent être attribués à la fraude exploitant, sous une forme ou sous une autre, la crédulité publique.

(1) Saint Thomas, 2. 2. q. 172. a. 1. ad I.

2° Qu'un grand nombre étaient l'œuvre des démons. Saint Justin, Tertullien, saint Cyprien, saint Athanase, Lactance, saint Augustin et autres Pères de l'Eglise, témoins eux-mêmes d'oracles païens existant encore de leur temps, l'affirment expressément.

3° Que tous sont ou ambigus et peuvent paraître réalisés, quels que soient les événements qui arrivent, ou, par la nature et la proximité des événements qu'ils annoncent, susceptibles d'être l'objet de simples conjectures humaines ou démoniaques.

4° Que les vraies prophéties, comme plusieurs de la sibylle de Cumes, à supposer qu'elles soient authentiques, n'ont jamais eu pour but de confirmer les superstitions païennes, mais plutôt la vérité de la révélation chrétienne.

Rien, en effet, n'empêche Dieu de se servir de pécheurs, d'infidèles, voire même du démon, pour prononcer des oracles qui servent au triomphe de la vérité, témoin la prophétie de Balaam (1), que la plupart des Pères et des Commentateurs ne font pas difficulté de ranger parmi les magiciens, les faux prophètes, les idolâtres.

(1) Les Nombres xxii.

LIVRE II

Divinité de la Révélation chrétienne

Après avoir démontré la nécessité de la religion, aussi bien pour l'individu que pour la société et les pouvoirs publics, et prouvé qu'il ne peut y avoir qu'une seule vraie religion, ce qui nous a conduits à l'étude et à la condamnation du Libéralisme religieux individuel et politique; après avoir constaté, non seulement la possibilité et l'utilité, mais la nécessité d'une religion révélée, nous avons indiqué, comme signes principaux de la révélation divine, le *miracle* et la *prophétie*. Il s'agit maintenant de reconnaître quelle est la *vraie religion*, parmi toutes celles qui existent dans le monde. Nous nous bornerons à étudier la révélation chrétienne ou, ce qui revient au même, la religion chrétienne qui, répandue par tout l'univers, et brillant d'un plus vif éclat que les autres, attire tout d'abord nos regards, et mérite de fixer notre attention. Si nous démontrons qu'elle vient de Dieu, il sera, par là même, établi que les autres religions doivent être rejetées comme fausses.

CHAPITRE 1ᵉʳ

Notions préliminaires sur les Livres Saints

Comment prouve-t-on la divinité de la religion chrétienne ?

Par les *miracles* et les *prophéties* qui établissent la divinité de la mission de Jésus-Christ, son auteur. Si, en effet, Jésus-Christ est réellement l'envoyé de Dieu, il est évident que la doctrine, qu'il a enseignée de la part de Dieu, est divine.

Cette preuve est, à elle seule, suffisante. Mais il en existe d'autres dont la valeur démonstrative n'est pas moins incontestable : la rapidité de la propagation de la religion chrétienne dans tout l'univers, sa conservation à travers les siècles, le nombre et le caractère de ses martyrs, son efficacité moralisatrice, la sublimité de sa doctrine, etc.

Nous étudierons ces diverses preuves en leur lieu.

Établissons d'abord la vérité des miracles et des prophéties.

Où sont contenus les miracles et les prophéties sur lesquels on s'appuie pour démontrer la divinité de la mission de Jésus-Christ, et les vérités qui sont l'objet de la révélation chrétienne ?

Ils sont principalement contenus dans les livres connus sous le nom d'*Ecriture Sainte* ou de *Bible*. Nous disons principalement, car d'autres sources telles que *la Tradition* (1) et l'Histoire ecclésiastique les font également connaître.

(1) On appelle *Tradition* proprement dite, la parole de Dieu non écrite dans les Livres Saints, que les Apôtres ont reçue de la bouche de Jésus Christ ou qui leur a été inspirée par l'Esprit Saint, et qu'ils ont transmise de vive voix à leurs disciples, d'où elle est venue jusqu'à nous par l'enseignement de l'Eglise.

Qu'est-ce que la Bible ?

La Bible est une collection de *livres inspirés* par Dieu, (1), qui se divisent en deux grandes catégories : ceux de l'*Ancien Testament*, antérieurs à la venue de Jésus-Christ, et ceux du *Nouveau Testament*, écrits après Jésus-Christ.

Comment se divisent les livres de l'Ancien Testament ?

1° En *livres historiques* : la Genèse, l'Exode, le Lévitique, les Nombres, le Deutéronome. Ces cinq livres qui forment le Pentateuque (πεντάτευχος), ont été composés par Moïse. Les livres de Josué, des Juges, des Rois, des Machabées, etc.

2° En *livres didactiques* : les Proverbes, l'Ecclésiaste, la Sagesse, l'Ecclésiastique.

3° En *livres prophétiques*. Ces livres portent les noms de leurs auteurs, 1° des quatre grands prophètes Isaïe, Jérémie, Ezéchiel, Daniel ; 2° des douze petits : Osée, Joël, Amos, Abdias, Jonas, Michée, Nahum, Habacuc, Sophonie, Aggée, Zacharie, Malachie.

Plusieurs sont poétiques, c'est-à-dire de véritables chants lyriques, écrits dans un style rhythmé : Job, les Psaumes, etc.

A quelle époque furent composés les livres de l'Ancien Testament ?

Les livres de l'Ancien Testament, écrits en des lieux et par des auteurs très différents, furent composés, avant Jésus-Christ, de l'an 1400 environ (Moïse 1500-1380) à l'an 150 environ.

En quelle langue furent écrits les livres de l'Ancien Testament ?

Les livres de l'Ancien Testament furent écrits en *hébreu*, à part quelques fragments de Daniel, d'Es-

(1) L'*inspiration* proprement dite est « un secours surna-
« turel qui, influant sur la volonté de l'écrivain sacré, l'ex-
« cite et le détermine à écrire, en éclairant son entendement
« de manière à lui suggérer *au moins le fonds de ce qu'il*
« *doit dire.* » (Glaire).

dras et de Jérémie (1) qui l'ont été en *chaldéen ;* le livre de la Sagesse et le second livre des Machabées, en *grec.* On incline à croire que Judith et Tobie ont été également rédigés en chaldéen (1).

Dé combien de livres se compcse le Nouveau Testament ?

Le Nouveau Testament se compose de vingt-sept livres qui sont : 1° les quatre Évangiles de saint Matthieu, de saint Marc, de saint Luc, de saint Jean ; 2° les Actes des Apôtres, écrits par saint Luc ; 3° les vingt et une épîtres, dont quatorze de saint Paul, une de saint Jacques, deux de saint Pierre, trois de saint Jean, une de saint Jude ; 4° l'Apocalypse de saint Jean.

A quelle époque ont paru les livres du Nouveau Testament ?

Les livres du Nouveau Testament ont paru de l'an quarante-cinq à l'an quatre-vingt-dix-huit après Jésus-Christ, et l'on pourrait même dire de l'an quarante-cinq à l'an soixante-dix, dans une période de vingt-cinq années, si l'on exceptait les écrits de saint Jean, qui sont de la fin du premier siècle.

En quelle langue les livres du Nouveau Testament ont-ils été composés ?

Tous ont été composés en *grec,* sauf l'évangile de saint Matthieu, et, suivant quelques auteurs, l'épître de saint Paul aux Hébreux, qui l'ont été en *syro-Chaldaïque.*

(1) Vigouroux : Manuel Bibliq. t. I., p. 140.

CHAPITRE II

Autorité historique du Nouveau Testament

Les vérités de la religion chrétienne, les miracles et les prophéties qui sont donnés comme preuves principales de sa divinité étant contenus, avons-nous dit, dans l'Ancien et le Nouveau Testament, une question grave se présente ; ces livres sont-ils dignes de foi ? Il serait, en effet, déraisonnable d'admettre les faits qu'ils rapportent, si leur valeur historique, qui nous en garantit l'exactitude, n'était préalablement démontrée.

Pour nous renfermer dans les explications strictement exigées par notre sujet, nous nous bornerons à l'étude du Nouveau Testament. A lui seul il nous fournira abondamment tous les matériaux nécessaires à la construction de cet édifice divin qui a nom la Religion et l'Eglise de Jésus-Christ.

Souvent, d'ailleurs, les évangélistes et saint Paul citent des textes de l'Ancien Testament, comme ceux d'un livre qui mérite toute confiance. Ils font rejaillir, par là, sur ce livre, l'autorité qui s'attache à leur propre témoignage.

Plus tard, ce sera l'autorité de l'Eglise elle-même, dont le Nouveau Testament nous prouvera l'infaillibilité en matière d'enseignement, qui nous garantira la valeur historique des prophéties messianiques et tous les faits miraculeux relatés dans l'Ancien Testament, et fournira, sur ce sujet, à notre raison, les motifs de crédibilité qu'elle réclame.

Comment prouve-t-on l'autorité historique des livres du Nouveau Testament ?

En prouvant leur *authenticité*, leur *intégrité* et leur *véracité*.

Article Ier

Authenticité des livres du Nouveau Testament

Quand est-ce qu'un ouvrage est authentique ?

Un ouvrage est authentique quand il est réellement de l'époque et de l'auteur auxquels on l'attribue.

Comment prouve-t-on l'authenticité du Nouveau Testament ?

1° Par des *témoignages* d'auteurs, soit orthodoxes, soit étrangers à l'Eglise, remontant sans interruption jusqu'aux Apôtres ; 2° par ses *caractères intrinsèques* ; 3° par l'*impossibilité d'une supposition*.

§ 1er. Preuve tirée des témoignages

Les rationalistes reconnaissent aujourd'hui qu'au IIIe siècle nos livres saints étaient universellement reconnus comme authentiques : « C'est au second siècle, disent-ils, qu'on les aurait fabriqués. » Il suffirait pour prouver la fausseté de cette assertion, de citer des témoignages du second et du premier siècle. Il est évident que le témoignage des docteurs de cette époque est absolument probant : ils auraient été malvenus, à citer, comme admis depuis longtemps dans l'Eglise, ce qui n'eût fait qu'apparaître. Mais nous croyons qu'il n'est pas inutile d'en produire du troisième et du quatrième siècle. Les hommes de génie, dont émanent ces témoignages, n'étaient ni moins intelligents, ni plus crédules que nos modernes impies ; le peu de temps qui les séparait du second et du premier siècles donne tout lieu de croire qu'ils connaissaient mieux la vérité que les écrivains qui en sont éloignés de dix-sept et de dix-huit cents ans. Pour ce double motif, leur sentiment et leurs paroles sur l'authenticité du Nouveau Testament ont autrement de valeur et d'autorité que la critique contemporaine.

Citez des témoignages d'auteurs orthodoxes du IVe et du IIIe siècle.

IVe siècle : Les Pères les plus illustres de l'Eglise latine, saint Augustin, saint Jérôme, Eusèbe (267-338), le concile de Laodicée (1), en Orient (363), les conciles d'Hippone (393) et de Carthage (397), les papes saint Damase (386-384) et Innocent 1er (405) affirment l'authenticité de tous les livres du Nouveau Testament, et admettent notre canon avec les noms des auteurs actuellement reçus (2). « C'est par le commun consen-
« tement de tous, dit Eusèbe, que les livres du Nou-
« veau Testament, sont reçus comme authentiques (3). »

A cette époque, plusieurs parties de l'Eglise grecque hésitaient encore à recevoir, dans le canon, quelques livres ; après examen approfondi, elles les admirent peu après comme l'Eglise latine.

IIIe siècle : Nous avons les témoignages de saint Cyprien, mort en 250, d'Origène (135-254), de Tertullien (145-230), etc. Le manuscrit latin dit de Clermont (Codex Claromontanus), écrit au VIe siècle, nous a conservé le canon des livres de l'Ancien et du Nouveau Testament, tel qu'on le lisait dans les églises d'Afrique au IIIe siècle, avec les noms des auteurs reçus aujourd'hui. Les seules épîtres de saint Paul aux Phillippiens et aux Thessaloniciens font défaut, et l'on a tout lieu de croire qu'elles ont été omises par une inadvertance des copistes (4).

Citez des témoignages du second siècle.

IIe siècle : Clément, prêtre d'Alexandrie, mort en 217, cite tous nos auteurs sacrés, et tous nos saints Livres,

(1) Il ne mentionne pas l'Apocalypse.
(2) Pour les Conciles de Laodicée, d'Hippone, de Carthage, Innocent et saint Damase, voir Manuel bibliq. de Vigouroux I. p. 105, 106.
(3) Liv. III. Hist. eccles. Ch. 24.
(4) Tous les principaux témoignages des auteurs anciens sur le Nouveau Testament ont été recueillis par Kirhhofer. Voir aussi Mgr Ginoulhiac, les Origines du Christianisme 1re partie, l. II et III ; Témoignages des hérétiques, des juifs et des païens, t. I. p. 155 et seq. (Manuel bibliq. de Vigouroux, I. p. 107, notes).

7

à l'exception de la troisième épître de saint Jean. Saint Irénée, que Tertullien (contre Valentin, ch. V) appelait : *omnium doctrinarum curiosissimus explorator*, né à Smyrne, vers 120, successeur de saint Pothin, sur le siège épiscopal de Lyon (177-202), écrivait : « Il y a « quatre Évangiles, comme il y a quatre points cardi- « naux (1). L'autorité de nos Évangiles est si bien « établie que les hérétiques eux-mêmes lui rendent « témoignage et s'efforcent de s'appuyer sur eux (2) ». Il cite ces Évangiles des centaines de fois (3), il analyse les Actes des Apôtres (4), et fait des emprunts à toutes les épîtres, sauf celle à Philémon et peut-être celle de saint Jacques.

Saint Justin, mort en 166, philosophe d'abord païen, converti au christianisme à l'âge de 30 ans, mentionne, dans sa première *apologie* pour les Chrétiens, écrite vers 138 ou 147, à Antonin-le-Pieux, et dans son *Dialogue avec le juif Tryphon*, quatre évangiles ou mémoires (commentarii), qu'il attribue nommément à saint Matthieu, à saint Marc, à saint Luc et à saint Jean, et en cite plus de soixante-dix passages. Papias, évêque d'Hiérapolis en Phrygie, mort en 120 ou 130, qui, selon saint Irénée, avait connu saint Jean et les disciples des apôtres, affirme expressément, comme un fait attesté par les anciens, que saint Matthieu a composé son évangile en hébreu, et que saint Marc a rédigé de mémoire, mais avec fidélité, la prédication de saint Pierre. Il cite la première épître de saint Jean, la première de saint Pierre, et plusieurs récits tirés des Évangiles (6).

Saint Polycarpe, évêque de Smyrne, mort en 155, formé par les apôtres et longtemps mêlé aux disciples immédiats du Sauveur (7), dans une lettre écrite (116 ou 117) aux fidèles de Philippes (Macédoine), cite une foule de textes extraits de saint Matthieu, de saint Luc, des Actes des Apôtres, de la première Épître de saint

(1) Saint Irénée, III, xi, 8. — (2) Ibid., III, xi, 7.
(3) Ibid. III, xiv, 1, 3. — (4) III, xiii-xv.
(5) Massuet, *Dissertatio prævia ad Irenæi libros*, Diss. III., art. 6, 7, 10.
(6. Eusèbe ; H. III. 39.
(7) St Irénée, III, iii, 4 ; — Eusèbe, H. III, 36 ; IV, 14, 15.

Jean, des Epîtres de saint Paul aux Romains, aux Corinthiens, aux Galates, aux Ephésiens, aux Philippiens, aux Thessaloniciens, à Timothée. La première Épître de saint Pierre y est mentionnée une dizaine de fois (1).

Saint Ignace, disciple de saint Jean et troisième évêque d'Antioche, mort en 107, nous a laissé huit lettres dont l'authenticité s'appuie sur des témoignages irréfragables. Or, ces lettres contiennent toute la substance de l'Evangile ; elles attribuent expressément le nom de Dieu à Notre-Seigneur, en une dizaine d'endroits, et renferment des allusions formelles à la doctrine de saint Jean, à l'évangile de saint Matthieu, à diverses Epîtres de saint Paul, par exemple aux Corinthiens et aux Ephésiens.

Citons encore, du second siècle, le Διατεσσάρων (2), Harmonie des quatre évangiles de Tatien, alors qu'il était encore disciple de saint Justin (160-170); une autre de Théophile, évêque d'Antioche (3), mort vers 186. Denys de Corinthe, en 170, parle des « Ecritures du Seigneur », en termes qui supposent que le nouveau Testament formait déjà une collection et il la met de pair avec la collection de l'Ancien Testament (4).

Nous avons, de la seconde moitié du IIᵉ siècle, le fameux canon de Muratori (5) qui nous donne la liste, avec les noms des auteurs reçus de nos jours, de presque tous les livres du Nouveau Testament. Il passe sous silence les seules Epîtres de saint Paul aux Hébreux, de saint Jacques et de saint Pierre. Cette liste a été rédigée à Rome vers 160 ou 170. Probablement écrite d'abord en grec, elle nous a été transmise par un manuscrit écrit en latin vulgaire vers 800. On lui a donné le nom du savant Italien qui, en 1740, découvrit

(1) St Polycarp. ad Philip., 13 ; — Eusèbe, H., IV. 14.
(2) Revue des questions historiques : P. Martin. Avril 1883, p. 349-394.
(3) S. Jérôme, *Hom. Illustres*, XXV. — Ad Autolycum, III. 14, t. VI, col. 1141.
(4) Eusèbe, H. E., IV, 23, t. XX., col. 389 ; *Encyclopædia Britannica*, 1876, t. V, p. 8.
(5) Ce document est le 1ᵉʳ canon proprement dit, qui nous soit parvenu ; on peut en voir un *fac-simile* dans Trochon, Introduction générale : 1886, t. I. p. 185.

le manuscrit latin, à la bibliothèque Ambroisienne de Milan.

Citons enfin la version Syrienne, dite Peschito, et la version Italienne, Itala, qui, toutes les deux, remontent à 150 au plus tard, et qui attribuent tous les livres du Nouveau Testament aux auteurs auxquels nous les rapportons nous-mêmes (1).

Existe-t-il, en faveur de l'authenticité des livres du Nouveau Testament, des documents du Ier siècle ?

1er siècle. Nous n'avons naturellement aucun monument qui contienne le canon proprement dit, c'est-à-dire la liste des livres actuels du Nouveau Testament. Nous n'avons pas non plus de témoignages directs, c'est-à-dire affirmant expressément que nos Saints Livres ont été composés par les auteurs auxquels nous les attribuons. Mais plusieurs écrivains nous en citent de nombreux passages.

D'abord saint Pierre, dans sa seconde lettre (2), parle d'une collection de lettres de saint Paul. — Saint Barnabé, dans son Epître qui date de l'an 72, si elle est authentique, et, si elle ne l'est pas, du commencement du second siècle, cite plusieurs passages de l'Evangile de saint Matthieu et une fois, avec la formule : *Scriptum est.* — La Doctrine des Apôtres, antérieure à l'Epître de saint Barnabé, cite incontestablement saint Matthieu, sans toutefois le nommer, et enseigne clairement le mystère de la Sainte Trinité et la divinité de Jésus-Christ. — Saint Clément pape, disciple de saint Pierre et de saint Paul, mort en 98, dans sa première Epître, écrite vers 95 aux Corinthiens, épître qu'on lisait chaque dimanche dans les assemblées religieuses, selon saint Denis qui fut évêque de Corinthe, soixante ans environ après saint Clément, cite littéralement comme Écriture sainte les trois synoptiques, particulièrement saint Matthieu au moins trois fois. On trouve encore, dans cette lettre, une mention expresse de la première épître de saint Paul aux Corinthiens, de nombreux passages de

(1) Il ne manque à la Peschito que l'Apocalypse, l'Epître de St Jude, la 2e et la 3e de St Jean, et la 2e de St Pierre.
(2) Chap. III, 16.

l'épître aux Hébreux, des allusions visibles aux épîtres à Timothée, à Tite, aux Romains, et même à celles de saint Pierre et de saint Jacques ».

Il est incontestable, par ces diverses citations, que les évangiles et les épîtres étaient connus et déjà répandus à la fin du 1er siècle.

Que disaient les hérétiques des premiers siècles de l'authenticité du Nouveau Testament?

Il est inutile de s'occuper des siècles postérieurs au second, puisqu'il n'y a de controverse qu'à partir de cette époque. Or, en étudiant ce second siècle, nous constatons que pas un seul hérétique n'a révoqué en doute l'authenticité d'une seule partie importante de notre Nouveau Testament. Ils se bornent à en dénaturer la doctrine, à en mutiler le texte. Nul ne les déclare apocryphes ou faussement attribués à leurs auteurs. Bien plus, on pourrait recueillir, comme l'a fait le docteur Hug (1), des écrits des hérésiarques (2), des citations de tous les livres du Nouveau Testament, sauf une ou deux épîtres des plus courtes.

Pour entrer dans quelques détails, disons que Cerdon (3) (130-140) reconnaissait pour inspiré tout le Nouveau Testament ; Valentin (135-140) admettait toutes nos Écritures (4), ainsi que Montan, qui est de la 2ᵉ moitié du second siècle (5). Il en était de même des Gnostiques (6). Héracléon (7), Ptolémée et Théodote (8), tous les trois disciples de Valentin, citent dans leurs ouvrages (150-180) une foule de textes du Nouveau Testament. Signalons encore de nombreuses citations dans les Homélies Clémentines (190) et dans l'ouvrage dit *Philosophoumena* (9) (228).

(1) Hug., Introduct. au Nouveau Testament, p. I. sect. I.
(2) Ces écrits ne nous sont guère connus que par les réfutations qu'en ont faites les Pères.
(3) Eusèbe. H. IV, 11.
(4) Saint Irénée, II, IV, 1.
(5) Saint Epiphane, Hæres., XLVIII. n. 1.
(6) Saint Epiphane. Hæres, XXVI, 6.
(7) Saint Irénée II, IV, 1. — Migne, Patrolog. grecq. t. VII, p. 1291. — Orig. in Joann. t. V, 8 et passim.
(8) Migne, Patrol. grecq, t. IX, p. 651-698.
(9) Saint Justin, Dialog. contre. Tryph..

*Que disaient les Juifs et les Païens de l'authenticité
du Nouveau Testament ?*

Les Juifs et les Païens contestaient la véracité du
Nouveau Testament, ils cherchaient à en prendre les
auteurs en défaut, à les mettre en contradiction les uns
avec les autres, mais ils n'en mettaient nullement en
doute l'authenticité. C'est ce qui ressort, par exemple,
de l'argumentation (166) du Juif Tryphon contre Saint
Justin, de Celse refuté par Origène (1) et de Porphyre (2)
(290-300). « Il suffirait des écrits de ces deux incré-
« dules, dit Saint Jean Chrysostome, pour mettre hors
« de doute l'authenticité de nos Ecritures (3) ». Julien
l'Apostat lui-même admet, comme étant bien de Pierre,
de Paul, de Matthieu, de Marc, de Luc et de Jean, les
écrits que les chrétiens leur attribuent (4).

Ainsi, tous les auteurs du second siècle, orthodoxes
et hérétiques, juifs et païens, rendent hommage à l'authenticité du Nouveau Testament. Si nos saints Livres
avaient été composés durant les vingt, trente ou même
cinquante années qui suivirent la mort des apôtres,
conçoit-on qu'aucun de ces auteurs n'eût soupçonné
l'imposture ; et s'ils l'avaient connue, est-il admissible
qu'ils l'eussent confirmée par leur silence, alors que
cette erreur ne pouvait, tôt ou tard, que tourner à leur
confusion ?

§ 2. PREUVE TIRÉE DES CARACTÈRES INTRINSÈQUES DES LIVRES SAINTS

*Comment les caractères intrinsèques du Nouveau
Testament prouvent-ils son authenticité ?*

Comme les caractères intrinsèques d'un objet quelconque, monument, tableau, meuble, médaille, etc.,
prouvent qu'il appartient à telle époque ou à tel auteur.

Si les livres du Nouveau Testament étaient d'une
époque postérieure à celle indiquée, 1° ils offriraient au

(1) Orig. contre Celse, I, 28 ; II, 9, etc.
(2) Celse et Porphyre, voir Etudes relig. des PP Jésuites,
1856, p. 323. etc.
(3) Saint Chrysost. in I, ad Corinth. Hamel, VI.
(4) Saint Cyrill. d'Alex. contra. Julian. X.

moins quelques traces propres à cette époque ; 2° ils ne porteraient pas, au même degré, le cachet du temps et des auteurs auxquels on les attribue.

Or, 1° rien ne s'y trouve qui révèle la moindre nuance de l'esprit et des faits propres à aucun des temps postérieurs au premier siècle ; rien qui soit en opposition avec les lois, les usages, la religion, les cérémonies, les mœurs, les caractères, le goût, les préjugés des juifs et des premiers chrétiens, et les événements de l'époque ; rien qui diffère des renseignements que nous fournissent les écrivains profanes, Josèphe en particulier.

2° Ils renferment une foule de détails précis et complets sur les événements et les personnes, qui n'ont pu être donnés que par des témoins oculaires. La langue elle-même est une preuve en faveur de leurs auteurs véritables. Saint Matthieu, écrivant pour des Juifs, emploie l'idiome qu'ils parlaient alors, le syro-chaldaïque ; saint Marc, saint Luc et saint Jean s'adressant aux gentils, se servent de la langue grecque, alors universellement connue. Les idiotismes, les figures, les allusions, les paraboles, tout le style est juif et de l'époque. Le caractère même de chaque auteur, se retrouve dans l'ouvrage qui lui est attribué. Chez tous, excepté dans saint Luc, on rencontre un style très simple qui convient à des hommes sans culture intellectuelle.

§ 3. PREUVE TIRÉE DE L'IMPOSSIBILITÉ D'UNE SUPPOSITION

Qu'appelez-vous supposition ?

On appelle supposition l'attribution d'un ouvrage à une époque ou à un auteur auxquels ils n'appartiennent pas.

Montrez l'impossiblité d'une supposition ?

Si les livres du Nouveau Testament n'étaient pas des auteurs dont ils portent les noms, ils seraient l'œuvre de faussaires qui, à un moment donné, les auraient publiés et fait passer sous des noms empruntés. Si cette supercherie avait eu lieu, elle n'aurait pu se faire que du vivant des apôtres, ou peu de temps après leur mort, c'est-à-dire dans la première moitié du second siècle au plus tard. Or, l'une ou l'autre hypothèse répugnent également.

Montrez que nos livres saints n'ont pas pu être supposés du vivant des apôtres (1er siècle).

Il faudrait admettre, dans cette hypothèse, que les apôtres n'auraient pas protesté contre cette supposition : il aurait donc fallu qu'ils ignorassent la fraude ou qu'ils fussent de connivence avec l'imposture..

L'ignorance ? Elle n'est pas admissible, étant donné les rapports fréquents et intimes des premiers chrétiens et des apôtres. Est-ce que la joie enthousiaste des uns, la curiosité ombrageuse des autres, que devait exciter la possession de ces livres, n'aurait pas promptement amené la découverte de l'erreur ?

L'entente ? Elle ne l'est pas davantage, si l'on considère le grand nombre des disciples et ce qu'exigeait leur propre intérêt. Comment des milliers d'hommes, répandus en Asie mineure, en Grèce, à Alexandrie, en Judée, à Rome, auraient-ils pu délibérer ensemble, s'accorder entre eux, pour accréditer une imposture, et persévérer dans leur mensonge jusqu'à la fin de leur vie ?

En admettant, ce qui, du reste, est contraire à toutes les données de la tradition, que les disciples fussent des hommes sans religion, sans conscience, fourbes, quel avantage avaient-ils à faire prévaloir la nouvelle religion, à substituer un culte austère à un culte commode, à professer une croyance qui les exposait à tous les supplices en ce monde, et, en cas de supercherie, dans l'autre ?

Montrez que la supposition est impossible dans la seconde moitié du second siècle ?

En 125, il existait des chrétiens octogénaires qui avaient fréquemment entendu saint Pierre et saint Paul et d'autres apôtres ; en 150, beaucoup vivaient qui avaient vu saint Jean (1). Or, ces contemporains des

(1) Mort vers l'an 100.

apôtres et leurs disciples connaissaient bien la doctrine qu'avaient enseignée ces maîtres vénérés et savaient s'ils avaient réellement écrit, de leur vivant, les livres qu'on leur attribuait. Une doctrine différente et de fausses lettres n'auraient pas été admises sans des réclamations qui seraient parvenues jusqu'à nous, comme celles qu'ont suscitées les livres apocryphes.

ARTICLE II

Intégrité des livres saints

Qu'appelle-t-on intégrité d'un livre ?

On appelle intégrité l'état d'un livre qui n'a subi aucune altération, c'est-à-dire ni addition, ni soustraction, ni changement.

Quelle intégrité attribue-t-on au Nouveau Testament ?

Une intégrité *substantielle*. Nous admettons que les livres du Nouveau Testament aient pu subir une altération légère, sans conséquence pour la doctrine, mais nous nions toute altération profonde, capitale, qui aurait fait, par exemple, d'un homme un Dieu, d'une vie ordinaire une vie miraculeuse, etc.

Comment démontre-t-on l'intégrité du Nouveau Testament ?

1° Par des *preuves positives* que nous fournissent les Versions, les Pères et les Manuscrits.

1° *Versions.* Le texte grec actuel du Nouveau Testament s'accorde complètement, pour le sens, avec les plus anciennes versions. L'italique (en latin vulgaire) et la syriaque (Peschito, la simple) sont, toutes les deux, du milieu du second siècle. Si elles n'ont pas été faites sur les manuscrits des apôtres, elles ont dû l'être sur les premières copies. Nous avons du III° siècle, les versions cophtes ou égyptiennes ; du IV°, la version éthiopienne et la version gothique ; du V°, la version arménienne, etc.

Les citations des Pères. Quoique la plupart des travaux des premiers Pères soient perdus, on compte encore, de la fin du 1ᵉʳ siècle à la fin du ivᵉ, plus de deux cents auteurs ecclésiastiques grecs, latins, syriens. Or, ils citent, non seulement comme authentiques, mais comme divins, presque tous les versets du Nouveau Testament, tels que nous les possédons aujourd'hui. Il en est de même des auteurs hérétiques et infidèles.

Le traité de Celse (1) prouve que ce philosophe avait sous les yeux nos quatre évangiles, avec tous les faits, toutes les circonstances, tous les détails qu'offre le texte actuel.

Les Manuscrits. Nous n'avons pas les minutes tracées par les apôtres, mais nous possédons deux mille copies manuscrites fort anciennes, contenant le Nouveau Testament, en tout ou en partie, dont plusieurs remontent aux premiers siècles. Ainsi celle du Vatican (2) et celle du Sinaï (3) sont du ivᵉ siècle. L'Alexandrin (4) du musée britannique, et le Codex regius de la bibliothèque nationale de Paris, sont du vᵉ. Celui de Bèze ou de Cambridge (5) et celui de Clermont (6) qui le complète, sont du viᵉ, etc. Or, aucun de ces manuscrits ne diffère du texte actuel.

Qui ne voit que ces versions, ces écrits des Pères et ces manuscrits, qui tous s'accordent entre eux, sauf dans des détails insignifiants, ont dû être faits d'après des textes également semblables entre eux et plus anciens ? Ils nous font donc connaître quel était au quatrième, au troisième et même au second siècle, le texte de nos Livres saints. Puisque ce texte est con-

---

(1) Reconstitué d'après la réfutation d'Origène.(Vigouroux, manuel bibliq. III. p. 68).

(2) Est au Vatican depuis 1475.

(3) Trouvée au couvent de sainte Catherine sur le mont Sinaï, en 1859, par Tischendorf.

(4) Acheté, en 1628, par Charles Iᵉʳ d'Angleterre au patriarche d'Alexandrie.

(5) Enlevé par les protestants au couvent de Saint Irénée de Lyon, et donné par leur coréligionnaire Bèze, à l'université de Cambridge, en 1581.

(6) Enlevé par les protestants au monastère de Clermont (Oise), et revenu des mains de Bèze à la bibliothèque nationale de Paris.

forme à celui que nous possédons actuellement, il est évident que le Nouveau Testament n'a subi aucune altération capable de porter atteinte à la doctrine et à la pureté de notre croyance.

2° *Par des preuves négatives*, dont voici les principales.

1° Les dispositions des pasteurs et des fidèles, si jaloux de conserver dans toute sa pureté la divine parole, en auraient empêché l'altération. Saint Jean profère des imprécations contre quiconque ajouterait ou retrancherait le moindre mot à son Apocalypse (1). Il est évident que tous les apôtres et leurs disciples immédiats qui possédaient leurs autographes ou les copies qu'ils avaient personnellement approuvées, étaient dans les mêmes sentiments. Cette susceptibilité à l'égard du texte des saints Livres était telle, qu'un évêque de Chypre, Triphylle, ayant remplacé l'expression *grabat* par le mot *lit*, qui lui semblait plus noble, en fut sur le champ repris, devant tout le peuple, par un autre évêque présent (2), et que saint Jérôme, malgré l'ordre qu'il avait reçu du pape saint Damase, de traduire les saintes Ecritures, crut devoir s'en tenir, pour le Nouveau Testament, à quelques corrections grammaticales, dans la crainte d'être pris pour un faussaire, et éprouva une extrême difficulté à faire adopter sa version de l'Ancien Testament, à la place de l'Italique. Saint Augustin rapporte, à ce sujet, qu'un tumulte des plus menaçants s'éleva un jour dans une église, parce que l'évêque, commentant un texte du prophète Jonas, avait mis à la place du mot *cucurbita* (courge) dont les Septante s'étaient servis pour désigner un arbuste à ombre épaisse, le mot *hedera* (lierre) qu'avait cru devoir employer saint Jérôme (3).

2° Si l'Eglise avait altéré ses livres, elle n'aurait pas eu la naïveté d'ajouter où elle aurait eu la sagesse de retrancher ce qui l'expose à la dérision de ses ennemis de tous les temps, à savoir, les passages qui se rapportent à la divinité de Jésus-Christ, aux miracles, aux mystères et certaines contradictions apparentes,

(1) Apoc. XXII. 18, 19.
(2) Sozomène. Hist. ecclés. L. I. c. 11.
(3) Saint Aug. à Saint Jér. Lettre 71.

car les objections de nos rationalistes sont les mêmes que celles de Celse, de Porphyre, de Julien l'Apostat et autres hérétiques.

3° L'altération aurait dû porter, non pas sur un livre seulement, mais sur tous, pour qu'ils ne fussent pas en opposition les uns avec les autres. Il aurait fallu ou modifier tous les exemplaires, ou faire disparaître tous les anciens et leur en substituer de nouveaux. Or, dès l'origine, les copies des Évangiles et des Livres saints furent disséminés dans le monde entier. Suivant le docteur Norton, il devait y avoir, à la fin du second siècle, plus de soixante mille copies des Évangiles, entre les mains des pasteurs et des fidèles (1). Vers 270, saint Optat écrivait : « Les bibliothèques regorgent de nos livres sacrés, la parole divine retentit dans tous les lieux, toutes les mains sont pleines des recueils qui la contiennent (2) ». « Quiconque, dit saint Augustin, aurait osé falsifier les Livres saints se serait trouvé confondu par la confrontation de son texte avec les textes plus anciens. Car les mêmes Livres saints sont écrits non pas en une seule, mais en une foule de langues (3) ». Il eût été impossible d'obtenir la complicité des évêques, des prêtres, des fidèles, des hérétiques, des juifs et des autres incrédules. Il resterait quelque trace d'une fraude si grave, des protestations et des luttes très vives qu'elle n'aurait pas manqué de soulever, comme est resté le souvenir des tentatives vaines d'altération que firent les hérétiques Tatien (4), Marcion (5), des diciples de Valentin et peut-être de Lucain (6) : aussi Origène, signalant ces faussaires. dit-il : « Je n'en connais pas d'autres qui aient changé le « texte de nos évangiles. »

(1) Genuiness of the Gospels. p. 28.
(2) Du schisme des Donat., I. in fin.
(3) *Contra Faustum*. L. XXXII. c. 16, il réfute les Manichéens accusant les chrétiens d'avoir falsifié les Livres saints. — Origène réfute également cette accusation des Manichéens, Contra Cels. L. II, c. 27.
(4) Eusèbe, l. IV, chap. 29.
(5) Tertul. de præscrip. c. 16.
(6) Origène, c. Cels L. II, ch. 27.

ARTICLE III

Véracité des livres saints

Quand est-ce qu'un ouvrage possède la véracité ?

Lorsque les faits qu'il rapporte sont vrais, c'est-à-dires conformes à la vérité.

Comment prouvez-vous la véracité des livres du Nouveau Testament ?

En démontrant que les auteurs de ces livres : 1° n'ont pas été trompés relativement aux faits qu'ils rapportent ; 2° qu'ils ne nous ont pas trompés, en les racontant.

Les historiens sacrés ont-ils été trompés sur les faits qu'ils rapportent ?

Non, car : 1° plusieurs sont des témoins *oculaires* de ces faits. Ainsi saint Jean dit : « Nous vous annonçons « le Verbe de vie que nous avons entendu, que nous « avons vu de nos yeux, que nous avons regardé avec « attention, que nous avons touché de nos mains, car « ce Verbe de vie s'est rendu visible, nous l'avons vu « et nous vous en rendons témoignage. (1) » Et saint Pierre : « Ce n'est point en suivant des fictions ingé- « nieuses que nous vous avons fait connaître la puis- « sance et l'avènement de Notre Seigneur Jésus-Christ, « mais c'est après avoir été nous-mêmes les spectateurs « de sa gloire (2) ».

Il n'y a qu'une voix dans la Tradition pour proclamer que l'auteur du premier évangile est saint Matthieu et faire de cet évangéliste un des douze apôtres qui accompagnèrent sans cesse le Sauveur pendant sa vie publique.

2° Quant aux autres, c'est de témoins oculaires absolument dignes de foi qu'ils tiennent les faits dont ils nous ont transmis le récit. Saint Luc, au commencement de son évangile, écrit : « Plusieurs ayant entre-

(1) 1ʳᵉ épître de saint Jean, I. 3.
(2) IIᵉ épître de saint Pierre, I. 16.

« pris d'écrire l'histoire des choses qui ont été accom-
« plies parmi nous, selon le récit que nous en ont
« fait ceux qui, dès le commencement, les ont vues de
« leurs propres yeux, et qui y ont pris part, j'ai cru
« bon, après *m'être exactement renseigné* sur toutes
« ces choses, depuis leur commencement, de vous en
« représenter par écrit toute la suite. »

Les témoins oculaires qui instruisirent saint Luc
furent principalement saint Paul, dont il fut le compagnon (1), et que Tertullien appelait *illuminator Lucæ* (2),
saint Jacques le mineur, parent de N. S , évêque de Jérusalem (3), divers autres apôtres ; car saint Irénée
appelle saint Luc, compagnon et disciple des apôtres ;
et Eusèbe et saint Jérôme affirment qu'il n'avait pas
seulement appris l'évangile de la bouche de saint Paul,
mais aussi « des autres apôtres ». Quels sont ces
apôtres et ces témoins oculaires qui le renseignèrent ?
Sans doute saint Barnabé, le premier lévite converti,
fondateur de l'église d'Antioche, sa patrie ; saint Pierre,
qui vécut plusieurs années à Antioche ; saint Philippe,
diacre de Césarée (5), chez lequel il logea avec saint
Paul. Il est impossible qu'il n'ait pas été en rapport
avec la très sainte Vierge, qui lui aurait fourni la
plupart des détails dont sont remplis certains chapitres
de son évangile (6).

Quant à saint Marc, il fut longtemps associé au
ministère apostolique de saint Paul et de saint Barnabé (7). La Tradition enseigne qu'il fut surtout le
compagnon habituel de saint Pierre (8) ; Papias (9),

(1) Epît. aux Coloss. IV. 14 ; 2ᵉ épître à Tim. IV. 11 ; à
Philémon, XXIV.
(2) Tertul. contre Marcion, IV. 2, 4, 5. — Eusèbe, Hist.
III. 4.
(3) Act. XXI. 18.
(4) Saint Jérôme. Des hommes illustr. l. c. ; — Eusèbe,
Hist. Ecclès. III. 4.
(5) Act. XXI. 18.
(6) Des exégètes protestants soutiennent cette opinion,
entre autres Grotius : Annot. sur saint Luc, II. 5.
(7) Act. XII, 25, XII, 5, XV, 49. Ep. de saint Paul aux
Coloss. IV, 10, à Philém. 24.
(8) 1ʳᵉ Epît. de saint Pierre, I. 13.
(9) Eusèbe, hist. III, 39.

saint Irénée (1), Tertullien (2) l'appellent le disciple et l'*interprète* de Pierre. Saint Jérôme en fait même le secrétaire du prince des apôtres. « Marc, disciple et « interprète de Pierre, dit-il, à la demande des frères « de Rome, écrivit son évangile d'après ce qu'il avait « entendu dire à Pierre (3). Ailleurs il ajoute : « l'évan- « gile de saint Marc fut écrit sous la dictée de « Pierre (4) ».

3° La nature des faits ne permet en aucune façon de supposer que les écrivains sacrés aient été trompés. Il s'agit, en effet, ou des affirmations du Christ, ou de ses miracles. Or les affirmations de Jésus-Christ sont très nettes, très claires et à même d'être comprises de tous. Quant à ses miracles, ce sont des faits extérieurs, matériels, tels, par exemple, qu'une tempête apaisée d'un mot, une foule que l'on nourrit avec cinq petits pains, etc. Ces faits n'exigent, pour être constatés, que des organes sains, et une attention suffisante. Or, d'un côté, le nombre des apôtres, le réalisme de leur édu- cation, la vigueur de leur constitution nous prouvent la légitimité du témoignage de leurs sens ; de l'autre, et le caractère extraordinaire des faits, et les graves conséquences, pour les apôtres, de leur conversion, qui n'exigeait rien moins que l'abandon public et dange- reux d'une religion à laquelle ils étaient profondément attachés, enfin les circonstances et les détails minu- tieux dans lesquels entrent leurs récits, nous garantis- sent l'attention qu'ils apportèrent à l'examen des faits.

N'y a-t-il pas lieu d'objecter le manque de culture intellectuelle des apôtres ?

Cette objection est sans valeur. Des faits extérieurs et matériels, comme ceux que nous énumérons ci- dessus, sont à la portée des gens ignorants comme des gens instruits.

(1) Contre les Hérét. III, 1.
(2) Contre Marcion IV, 5.
(3) Saint Jér. Des hommes illust. c. VIII.
(4) Saint Jér. Épître CXX, 10. — Disons qu'on admet communément l'identité de Jean Marc, parent de Bar- nabé, et de Marc l'évangéliste. (Vigouroux, manuel bi- blique, III, p. 146.)

Ne peut-on pas dire qu'ils furent trop crédules ?

Rien dans leurs écrits ne manifeste cette extrême crédulité. Nous y trouvons, au contraire, plus d'une preuve de leurs défiance et de leur circonspection, par exemple, leur fuite à l'approche des soldats qui arrêtent Jésus, le découragement des disciples d'Emmaüs, l'incrédulité de saint Thomas, celle des apôtres, au récit des saintes femmes, touchant la résurrection de N. S., etc.

Que peut-on encore alléguer pour démontrer que les apôtres et les évangélistes n'ont pas été trompés ?

La véracité du Christ qui a pu dire à ses ennemis : « Qui me convaincra de péché ? » et contre lequel personne ne put, dans le jugement qui précéda sa mort, formuler une réelle accusation. *La haine* et *la sagacité* des ennemis du Christ, qui durent scruter tous ses actes, les soumirent plusieurs fois à de sérieuses enquêtes et n'auraient pas manqué de découvrir et de manifester la fraude, si elle eût existé.

Les historiens sacrés nous ont-ils trompés ?

Non ; nous en avons pour garants :

La sainteté de leur vie. Chrétiens, incrédules anciens, comme Celse, Porphyre, Julien l'apostat, s'accordent à dire qu'ils furent les premiers à mettre en pratique la morale évangélique. Les incrédules modernes eux-mêmes ne peuvent s'empêcher de le reconnaître.

Le naturel et la simplicité de leurs récits. L'art le plus parfait ne saurait donner ces qualités à l'imposture.

L'assurance de leurs affirmations. Nulle précaution oratoire, nulle discussion, tant ils sont certains des faits qu'ils racontent, et éloignés de penser qu'on puisse suspecter leur bonne foi.

L'absence de tout motif de tromper. Quel avantage pouvaient-ils retirer, sur la terre, de leur imposture ? Apôtres et évangélistes furent en butte, à cause de leur prédication, à tous les tourments et livrés à la mort. Pouvaient-ils en espérer une récompense dans l'autre monde ? Ils savaient bien que le mensonge, sur un point d'une si haute gravité, y serait puni du supplice éternel.

L'impossibilité de tromper. Comment des hommes ignorants auraient-ils pu concevoir une doctrine si sublime, imaginer un caractère si parfait, si nouveau, si opposé au caractère national des Juifs que l'est celui de Jésus-Christ ? Comment, habitant, prêchant et écrivant dans des lieux si différents, seraient-ils arrivés à un accord si complet, qu'il s'agisse de la doctrine ou des actions de leur maître ? Comment auraient-ils obtenu, sur des faits publics, accomplis sous les yeux des foules, le silence de leurs ennemis ? Comment enfin s'est-on borné à leur interdire de prêcher au nom de Jésus-Christ, et ne les a-t-on jamais accusés d'imposture ?

Existe-t-il des témoignages étrangers aux apôtres qui confirment les récits évangéliques ?

1° L'histoire ecclésiastique nous a transmis des faits indubitables qui attestent que la foi aux récits évangéliques existait avant le second siècle, à une époque, par conséquent, où il était facile de contrôler la vérité des faits cités par les apôtres. Saint Quadratus, païen converti, qui avait été témoin de la ruine de Jérusalem (70) et de la mort des apôtres, affirme, dans son *Apologie* à Adrien (117-126), qu'un bon nombre d'hommes guéris ou ressuscités par Jésus-Christ, ont vécu jusqu'à son époque, et ne sont morts que depuis peu (1).

En 110, saint Ignace se glorifie de porter, dans son cœur, le Sauveur, *son Dieu* (2). En 120, sainte Symphorose proteste qu'elle meurt pour le Christ *son Dieu* (3). En 180, des chrétiens de Carthage répondent au proconsul Saturnin : « Nous avons pour livres sacrés nos « Évangiles et les Épîtres de saint Paul. Gloire, « honneur, adoration à notre roi et Seigneur Jésus- « Christ avec le Père et le Saint-Esprit, dans les siècles « des siècles (4). »

(1) Eusèbe, Hist. IV, 3 ; III, 37 ; V, 17. — Saint Jérôme. des Hommes Illust., 19, 20.
(2) Ginoulhiac. Hist. du Dogm. I, 8.— Don Ruinart : Actes véritables et choisis des martyrs. — Héfélé, Patr. Apost. Tubingue 1857, sur l'authent. des Actes de Saint Ignace.
(3) Vigour. Manuel bib. III, 53.
(4) Usener. Acte des martyrs scillitains, en Grec, Bonn, 1881. — Aubé, Etude sur un nouveau texte des Actes des Martyrs scillitains. 1881.

2° *Parmi les auteurs païens*, Josèphe raconte la prédication, le baptême et la mort de saint Jean-Baptiste ; la mort de saint Jacques, parent de Notre-Seigneur, et il dit de Jésus : « A cette époque vivait un homme « sage, si tant est qu'on puisse l'appeler un homme ; « il opérait des œuvres merveilleuses ; condamné au « supplice de la croix, il apparut vivant à ses disciples, « trois jours après sa mort. Les prophètes avaient « prédit sa résurrection et une foule de prodiges à son « sujet (1) ». Pilate, dans ses lettres à l'empereur, relate les miracles du Christ (2). Celse (3), Porphyre (4), Plotin, Hiéroclès (5), déclarent qu'au point de vue historique, les miracles sont vrais ; un grand nombre de philosophes païens, que cite Lactance (6), admettent les miracles de Jésus-Christ, mais les attribuent à la magie. Pline le Jeune déplore la nécessité d'envoyer au supplice des hommes dont le seul crime est d'adorer Jésus-Christ comme Dieu (7).

(1) Josèphe. Antiquit. Judaïq. l. XVIII. n° 3. Voir la démonstration de l'authenticité de ce texte de Josèphe dans Huet. (Démonst. Evangél. prop. 3, n° 11. seqq).
(2) Saint Just. Apolog. I, 48. — Tert. apol. c, 21.
(3) Orig. contre Cels. l. I et II.
(4) Saint Cyrill. d'Alexand. l. X. cont. Julien.
(5) Eusèbe, contre Hiéroclès.
(6) Divin. Inst. l. IV, c. 13.
(7) Lettres, X, CXVII. — Vigouroux, Manuel bibliq. III, p. 54

CHAPITRE II

Principales objections des rationa- listes contre l'autorité historique du Nouveau Testament.

D'où les rationalistes modernes tirent-ils leurs princi- pales objections contre l'autorité historique du Nouveau Testament ?

1° Des récits des miracles.

2° Des variantes que fournit l'étude comparée des Versions, des Manuscrits et des citations des Pères.

3° Des livres apocryphes.

ARTICLE Ier

Objection tirée des Miracles

Quelle est la prétention des rationalistes à l'égard du miracle ?

Qu'il est impossible. Pour eux l'impossibilité du mi- racle est un premier principe, un axiome. « D'où il « suit, disent-ils, que tout récit qui contient un élé- « ment surnaturel doit être considéré comme le résul- « tat de la crédulité ou de l'imposture ».

Que penser de cette doctrine ?

1° Qu'elle est absolument gratuite. Les rationalistes ne la soutiennent d'aucune preuve, ni métaphysique ni autre ; Renan l'avoue quand il écrit (1) : « Notre « principe n'est pas la conséquence d'un système mé- « taphysique ; il résulte de l'observation. On n'a ja- « mais constaté de fait miraculeux ». Ainsi, d'une part, les rationalistes, dont Renan est l'interprète, rejettent les arguments métaphysiques, sans les dis- cuter ; de l'autre, ils nient que des miracles aient

(1) Les Apôtres, Introduct.

jamais existé ; et ils se dérobent à l'examen des faits spéciaux qui leur sont signalés comme miraculeux, en récusant, même à priori, tout témoin de fait miraculeux (1). L'argumentation rationaliste se résume en ce cercle vicieux : le miracle est impossible par ce qu'il n'en a jamais existé ; et il n'en a jamais existé, parce qu'il est impossible.

2° Il est faux que l'impossibilité du miracle soit un axiome. Quand même certains esprits cultivés s'en croiraient persuadés, que d'hommes fort éclairés et très sincères, de tous les temps et de tous les lieux, ne sont pas de cet avis ! N'y a-t-il donc d'intelligents ou de dignes de foi que les incrédules ?

3° Non seulement nous pouvons opposer aux négations et aux doutes des rationalistes, des affirmations d'hommes qui leur sont tout au moins égaux par le talent, mais nous réfutons leur principe par des preuves positives et péremptoires.

Dites sommairement quelles sont les preuves de la possibilité des miracles ?

Il y a :

1° Les preuves *métaphysiques*. Nous les avons développées page 66, et tant qu'on ne les aura pas réfutées, ce que personne encore n'a fait, elles conserveront leur valeur.

2° Les preuves *de fait*. Nos Livres saints citent des miracles très positifs. Nous avons démontré la valeur historique de ces Livres ; personne n'a donc le droit de nier les faits qu'ils rapportent, sans avoir d'abord prouvé l'inanité de nos arguments et établi que cette valeur historique n'existe pas.

A ces miracles évangéliques, nous pourrions en

_____

(1) Ibid. « Comment prétendre qu'on doit suivre à la « lettre des documents où se trouvent des impossibilités ? « Les douze premiers chapitres des Actes sont un tissu de « miracles. Or, une règle absolue de la critique, c'est de ne « pas donner place dans les récits historiques à des cir- « constances miraculeuses ». Ainsi voilà les miracles rapportés dans les Actes rejetés à priori ; au moins devrait-on prouver que l'écrivain qui les cite a été trompé ou bien a voulu tromper.

ajouter une foule d'autres indiscutables que contiennent les procès de canonisation et les vies des saints.

Nous attirerons enfin l'attention sur un fait qu'on ne peut logiquement nier, fait plus merveilleux que tous ceux qu'on pourrait supposer et qui suffit à lui seul pour établir la possibilité du miracle : c'est celui de la *Création du Monde.*

Un miracle est un fait qui n'est produit par aucune loi de la nature, mais par Dieu, dans une intervention immédiate. Or, à quelle cause attribuer la création ? Aux lois de la nature ? Nullement, puisqu'avant que le monde ait commencé d'être, elles n'existaient pas. Elle est due à l'intervention immédiate, exclusive et libre de Dieu.

Pourquoi l'apparition d'un fait qui ne découle pas des lois de la nature, mais d'un acte libre de Dieu, ne pourrait-il plus se renouveler ?

La création nous fournit encore l'argument suivant en faveur du miracle. Les lois de la nature, puisqu'elles supposent la création, ont été établies par la libre volonté de Dieu. Elles dépendent donc de Lui absolument et de toute manière. Rien n'empêche donc Dieu d'en suspendre l'effet, quand il le juge à propos, et de faire apparaître des faits qui résultent de son intervention immédiate, à savoir des miracles.

Les miracles accomplis dans le cours des temps sont-ils plus impossibles que ceux qui ont été faits à l'origine des choses ?

Nullement. Dieu possède la même puissance, et, si par un acte supérieur qui implique le pouvoir d'opérer des miracles, il a formé le monde matériel, pourquoi n'aurait-il pas fondé, par des miracles, le monde religieux ? S'il a cru bon, à l'origine des siècles, de manifester, par la création de l'univers, son existence, sa bonté, ses perfections essentielles, pourquoi n'interviendrait-il pas dans le cours des âges, quand il le juge utile, pour montrer sa liberté, sa puissance, les nouvelles inventions de son amour, révéler ses volontés, se faire obéir de ses créatures ?

Article II

Objection tirée des Variantes

Combien compte-t-on de variantes dans les Manuscrits du Nouveau Testament, les Versions et les citations des Pères, et quelle est leur valeur ?

Il en existe un très grand nombre, ce qui n'a rien de surprenant, si l'on veut réfléchir à la multitude de copies qui ont été faites de ces divers ouvrages, à la facilité avec laquelle des fautes échappent aux copistes, même les plus vigilants. Une centaine seulement méritent quelque attention ; et sur cette centaine, il n'en est qu'une douzaine au plus qui soient d'une certaine gravité. Aucune ne met le moins du monde en péril la pureté de la doctrine. Toutes les autres ne sont qu'orthographiques ou grammaticales (1).

Article III

Objection tirée des Livres Apocryphes

Qu'appelle-t-on livres apocryphes ?

On appelle apocryphes des livres dont l'église ne reconnaît nullement l'inspiration divine et qui ne sont même pas, pour la plupart, des auteurs auxquels on les a longtemps attribués.

Comment divise-t-on les livres apocryphes ?

En livres apocryphes de l'Ancien et en livres apocryphes du Nouveau Testament.

En sait-on le nombre ?

Les plus connus s'élèvent, selon dom Bruno Jules

(1) Wescott et Hort Introd. p. 2, 1816, (voir Vigouroux. Manuel bib , III). On a trouvé plus de 30,000 variantes dans les comédies de Terence, quoique ce poëte n'ait que six pièces et qu'elles aient été copiées mille fois moins que le Nouveau Testament.

Lacombe (1), au chiffre de 115 pour l'Ancien Testament, et, pour le Nouveau Testament, de 99, dont 47 sur les Évangiles.

Quel est l'objet des évangiles apocryphes ?

Les évangiles apocryphes ne s'occupent que des parties passées sous silence par les évangiles canoniques, c'est-à-dire des années de l'enfance de N. S. et des circonstances de sa mort et de sa résurrection. Ils nous donnent en même temps une foule de détails sur la sainte Vierge et saint Joseph.

Par qui furent écrits les livres apocryphes ?

Les uns par des hérétiques, qui, ne trouvant pas de bases à leurs systèmes, dans la sainte Ecriture, composèrent, sous les noms de tel ou tel apôtre, des livres dans lesquels ils insérèrent leurs principales erreurs. Les autres par des chrétiens d'une piété peu éclairée, désireux d'intéresser et d'édifier les fidèles.

Quel est le caractère des évangiles apocryphes ?

« Tout, dans les évangiles apocryphes, dit Renan,
« se borne à broder sur un canevas donné... Quant aux
« détails, il est impossible de rien concevoir de plus
« mesquin, de plus chétif. C'est le verbiage fatigant
« d'une vieille commère, le ton bassement familier
« d'une littérature de nourrices et de bonnes d'en-
« fants... Le Jésus véritable.. les dépasse et les effraye.
« C'est faire injure à la littérature chrétienne, que de
« mettre sur le même pied ces plates compositions et
« les chefs-d'œuvre de Marc, de Luc, de Matthieu (2) ».

Cette appréciation est exagérée, elle n'en suggère pas moins une idée assez juste du caractère des évangiles apocryphes.

L'existence des Évangiles apocryphes détruit-elle l'autorité historique des Évangiles canoniques ?

Pas plus que les faux miracles ne détruisent la réa-

(1) Manuel des Sciences ecclésiast. Paris 1850, p. 12-22.
(2) Renan : l'Eglise chrétienne 1879, p. 505-587.

lité de ceux qui sont vrais. Ils sont au contraire un argument en leur faveur.

1° Ils leur rendent témoignage, en admettant leur cadre, leurs personnages, leur texte et toute la tradition de la prédication évangélique.

2° Ils rendent encore témoignage à nos Livres saints, par la différence de leur composition. Leur trivialité et leur puérilité prouvent qu'ils ont une origine exclusivement humaine et populaire, tandis que le ton, à la fois simple et sublime de nos Évangiles, montre qu'ils viennent d'hommes formés à la divine école de Jésus-Christ.

3° Le texte des évangiles apocryphes ne fut jamais respecté. Il est rempli d'additions, d'amplifications qui changent suivant les manuscrits, preuve qu'ils étaient considérés comme d'origine humaine. Le respect attaché aux Livres canoniques, démontre qu'ils étaient regardés comme venant de Dieu.

4° Les plus anciens Pères reconnaissent leur non authenticité et les distinguent soigneusement des Évangiles canoniques. « L'Église, dit Origène, a quatre Évangiles, les hérésies en ont un grand nombre. Il n'y a que quatre Évangiles qui sont approuvés et sur l'autorité desquels il faut proposer les dogmes dans la personne de notre Sauveur (1) ». La distinction que firent plus tard les Papes et les Conciles entre les Évangiles canoniques et les évangiles apocryphes ne fut qu'un écho de la tradition ecclésiastique.

ARTICLE IV

Appréciation générale des attaques des rationalistes modernes contre nos Livres saints

Que penser en définitive des attaques des rationalistes modernes contre l'autorité historique de nos Livres saints ?

1° Qu'elles ont un vice radical, *celui de s'appuyer sur*

____

(1) Origène, commentaires sur saint Luc, I. — Saint Irénée, saint Épiphane, Eusèbe, saint Ambroise, saint Jérôme parlent de même. Voir Fillion, Introd. aux Évangiles, p. 122.

des hypothèses et *non sur des faits*, de bâtir sur des fondements imaginaires. Aussi sont-elles d'une impuissance absolue. Il n'est pas une objection qui ne se résolve, même de celles qu'on donnait pour insolubles, il y a seulement trente ans. Les systèmes inventés par l'incrédulité ne se soutiennent que par leur nouveauté et tombent tour à tour, remplacés par d'autres tout aussi pleins d'incertitudes, de contradictions, de rêveries, et voués au même sort.

2° Elles ont eu l'avantage d'éveiller et de développer le goût des études sacrées. On a senti le besoin de connaître ces livres qu'on diffamait. On en a cherché et constaté l'origine, on en a vérifié et pesé tous les textes, en les rapprochant des documents de la tradition ; et, de ce travail, les esprits éclairés et droits ont tiré cette conclusion : rien de mieux fondé que l'autorité de nos Évangiles, rien de moins raisonnable que les difficultés qu'on leur oppose.

En résumé, toutes ces luttes font sortir le bien du mal. Elles tournent à la confusion des ennemis de l'Église et à la gloire de Jésus-Christ, qui, aujourd'hui comme autrefois, triomphe de la fausse sagesse des hommes.

CHAPITRE III

Des Miracles Évangéliques

ARTICLE 1er

Division des Miracles Évangéliques

Comment divise-t-on les miracles relatés dans le Nouveau Testament ?

On les divise :

1° En miracles opérés par Notre-Seigneur sur la nature inanimée.

2° En miracles opérés par Notre-Seigneur sur les hommes.

3° En miracles par lesquels Dieu le Père a attesté la divinité de la mission de Notre-Seigneur.

4° En miracles opérés par les apôtres au nom de J.-C.

§ 1er MIRACLES OPÉRÉS PAR NOTRE-SEIGNEUR SUR LA NATURE INANIMÉE

Citez des miracles opérés par Notre-Seigneur sur la nature inanimée ?

1° Il change l'eau en vin aux noces de Cana. Le fait est constaté par le maître d'hôtel, l'époux, les serviteurs et surtout les disciples qui *crurent en lui* (1).

2° Il apaise une violente tempête sur le lac de Génézareth, et ceux qui sont présents de s'écrier : « *Quel « est donc celui à qui les vents et la mer obéissent* (2) » ?

3° Il marche avec Pierre sur les flots et rejoint les apôtres, qui traversent en barque le lac de Génézareth. Tous ceux qui étaient dans la barque, témoins du prodige, l'adorent en disant : « *Vraiment vous êtes le « Fils de Dieu* (3) ».

4° Deux fois il multiplie des pains et des poissons

(1) Saint Jean, II, 1.
(2) Saint Matth. VIII, 23; saint Marc, IV; saint Luc, VIII.
(3) Saint Matth. XIV.

d'une façon miraculeuse. Une première fois, il nourrit, avec cinq pains et deux poissons, cinq mille hommes (1), et une autre fois, quatre mille, sans compter les femmes et les enfants, avec sept pains et quelques petits poissons; encore resta-t-il, des cinq pains, douze corbeilles pleines, et des sept pains, sept corbeilles.

§ 2. Miracles opérés par Notre-Seigneur sur les hommes

Citez les miracles opérés par Notre-Seigneur sur les hommes ?

I. *Guérisons.* Il est dit en saint Matthieu, chap. IV, vers. 23 : « Jésus parcourait la Judée, guérissant *toutes* « les maladies et *toutes* les infirmités qui étaient dans « le peuple, et on lui présentait *tous* ceux qui étaient « malades et affligés de *toutes sortes* de maux et de « douleurs. »

2° Notre-Seigneur guérit, sans les toucher ni les voir, sans qu'ils puissent ni le voir ni l'entendre, à une grande distance, sur la simple demande qui lui en a été faite, le serviteur d'un centurion romain (2), le fils d'un officier d'Hérode Antipas (3), la fille d'une chananéenne (4); et, au chapitre XXI, verset 50 de saint Luc, nous lisons : « Jésus touche l'oreille de Malchus « que Pierre avait tranchée d'un coup d'épée, et il le « guérit ».

II. *Résurrections.* L'Évangile en rapporte trois :

Notre-Seigneur ressuscite : 1° le fils d'une veuve de Naïm ; on le portait en terre ; tous les témoins de cette résurrection « *furent saisis de crainte, et glorifiaient* « *Dieu en disant : un grand prophète s'est élevé parmi* « *nous* (5) ».

2° la fille de Jaïre, chef d'une synagogue de Capharnaüm, auprès de laquelle s'étaient déjà rendus les joueurs de flûte et les pleureuses à gage, accompagnement

(1) Saint Matth. XIV ; saint Jean, VI.
(2) Saint Matth. VIII, 13.
(3) Saint Jean, IV, 46.
(4) Saint Matth. XV ; saint Marc, VII.
(5) Saint Luc, VII.

obligé des cérémonies funèbres chez les Juifs, « *et ses* « *parents furent saisis de stupeur et le bruit de cette* « *résurrection se répandit dans tout le pays* (1) ». Le mot *elle dort*, qu'emploie Notre-Seigneur, signifie que leurs pleurs et leurs lugubres mélodies sont inutiles, qu'il n'y aura pas de funérailles, parce qu'il va la tirer de la mort tout aussi facilement que d'un sommeil. La mort était si bien constatée, qu'à cette expression de Notre-Seigneur, tous les Juifs présents « *se moquèrent* « *de lui* ».

3° Lazare, son ami, enseveli depuis quatre jours, dont on disait déjà « *il sent mauvais.* » « *Et beaucoup* « *de juifs*, ajoute la Sainte Écriture, *qui avaient vu le* « *prodige opéré par Jésus, crurent en lui ;*... et une « foule de Juifs vinrent pour voir Lazare que Jésus « *avait ressuscité d'entre les morts*..... et les princes « des prêtres songèrent à *faire mourir Lazare*, parce « que beaucoup de Juifs, à cause de lui, croyaient « en Jésus (2) ».

§ 3. MIRACLES OPÉRÉS PAR DIEU LE PÈRE EN CONFIRMATION DE LA DIVINITÉ DE LA MISSION DE JÉSUS-CHRIST

Citez des miracles par lesquels Dieu le Père a attesté la divinité de la mission de Jésus-Christ.

1° Voici ce que dit saint Luc, III : « Comme Jésus, « après avoir été baptisé par saint Jean, priait sur le « bord du Jourdain, le ciel s'ouvrit et le Saint-Esprit « descendit sur lui en forme corporelle, semblable à « une colombe, et l'on entendit une voix du Ciel disant : « vous êtes mon fils bien aimé, j'ai mis en vous toute « mon affection (3) ».

2° Nous lisons en saint Matthieu, XVII : « Jésus prit « Pierre, Jacques et Jean son frère, il les conduisit sur « une montagne élevée et il fut transfiguré devant eux ; « son visage devint brillant comme le soleil, et ses « vêtements blancs comme la neige. Et voilà que leur

(1) Saint Matth. IX ; saint Marc, V ; saint Luc, VIII.
(2) Saint Jean, XII.
(3) Voir le même fait en saint Matth. III ; saint Marc, I ; saint Jean, I.

« apparurent Moïse et Élie parlant avec lui, et voici
« qu'une nuée lumineuse les couvrit, et de la nuée
« sortit une voix disant : Celui-ci est mon fils bien-
« aimé, écoutez-le (1) ».

§ 4. MIRACLES OPÉRÉS PAR LES APÔTRES

Citez des miracles des apôtres ?

Saint Marc, XVI, nous montre Jésus-Christ, après sa
résurrection, donnant à ses apôtres le pouvoir d'opérer des miracles, et nous lisons dans les Actes, au
chapitre II : « Il se faisait dans Jérusalem beaucoup de
« prodiges et de merveilles par les apôtres », et au
« chap. V : « Cependant les apôtres faisaient beaucoup
« de prodiges et de miracles parmi le peuple, de sorte
« que l'on apportait des malades dans les places publi-
« ques et on les posait sur de petits lits et des grabats,
« afin que, lorsque Pierre passait, son ombre au moins
« couvrît quelques-uns d'entre eux et qu'ils fussent
« guéris de leurs maladies..... Et une multitude de
« peuple accourut de Jérusalem et des villes voisines
« apportant des malades et ils étaient guéris ». Au
chap. IX, saint Pierre 1° guérit un paralytique de la
ville de Lydde, nommé Enée, qui était couché depuis
huit ans, si bien que tous ceux qui demeuraient à Lydde
se convertirent au Seigneur ; 2° il ressuscite une
femme nommée Dorcas, de la ville de Joppé. « Ce mi-
« racle, disent les Actes, fut connu de toute la ville
« et beaucoup crurent au Seigneur ». Au chapitre III,
saint Pierre et saint Jean guérissent, à la porte du
temple, un mendiant qui était paralysé, en lui adressant ces seuls mots : « Levez-vous au nom de Jésus
« de Nazareth et marchez. Tout le peuple le vit mar-
« cher et fut rempli d'admiration et d'étonnement de
« ce qui lui était arrivé ».

Les circonstances qui accompagnent la conversion de
saint Paul constituent un véritable miracle.

Les Actes, XIX, nous disent encore : « Dieu faisait
« des miracles extraordinaires par les mains de Paul,
« tellement qu'il suffisait pour guérir les malades, de

(1) Voir le même fait en saint Marc, IX, et en saint Luc, IX.

« leur appliquer les mouchoirs et les ceintures qui
« l'avaient touché ».

Le chapitre XX rapporte que saint Paul ressuscita,
dans la ville de Troade, un jeune homme nommé Eu-
tyque, qui s'était tué en tombant d'un troisième étage.

ARTICLE II

Critique des Miracles Évangéliques

§ 1er VÉRITÉ HISTORIQUE DES MIRACLES ÉVANGÉLIQUES

*Comment prouve-t-on la vérité historique, c'est-à-
dire l'authenticité de ces faits miraculeux ?*

I. Par les arguments que nous avons donnés de l'authenticité, de l'intégrité et de la véracité des Livres
saints qui nous les ont transmis. Si, en effet, les Livres
saints sont l'expression de la vérité, on ne peut récu-
ser les faits qu'ils rapportent.

II. Par les raisons suivantes :

1° Celle d'abord que donne saint Jean Chrysostome :
« Ce sont, dit-il, les mêmes historiens qui racontent
« que Jésus a été souffleté et crucifié et qu'il a opéré
« des miracles. Pourquoi les jugerions-nous dignes de
« foi dans la première partie de leur récit, et les accu-
« serions-nous de nous rapporter dans l'autre des faits
« qui n'ont pas existé ? S'ils n'avaient eu en vue que la
« renommée de leur maître, ils auraient tu les faits de
« sa vie qui sont regardés par beaucoup comme infa-
« mants. Or ils nous les ont énumérés dans le plus
« grand détail et ont passé sous silence grand nombre
« des prodiges qu'il a opérés. »

2° Il s'agit, comme nous l'avons fait déjà remarquer,
de faits *considérables* qui, à ce titre, ne pouvaient
manquer d'exciter l'attention, et l'ont excitée à un haut
degré, puisqu'ils ont jeté l'émotion dans toute la Judée
et causé d'innombrables conversions. Il s'agit de faits
matériels tombant sous les sens, souvent accomplis en
pleine ville de Jérusalem, dans les jours de fête, en
présence de foules nombreuses et d'hommes hostiles,
qui n'auraient pas manqué d'en nier la réalité.

3° Plus d'une fois, les miracles de Notre-Seigneur furent soumis à l'examen de véritables tribunaux, dont les juges étaient d'ardents ennemis de Jésus-Christ, par exemple, la guérison d'un paralytique retenu immobile au bord de la fontaine de Bethsaïda, malade depuis trente-huit ans, et qui alla annoncer aux hiérarques juifs que « c'était Jésus qui l'avait guéri (1) » ; celle d'un homme dont la main était désséchée, guérison opérée en présence des pharisiens et dans leur propre synagogue (2) ; celle d'un aveugle né que l'on interroge, en même temps que ses parents, sur la réalité de sa cécité (3) ; la résurrection de Lazare, au sujet de laquelle pontifes et pharisiens tiennent conseil et disent : Qu'attendons-nous, car cet homme « fait beaucoup de miracles ? »

4° Ajoutons enfin que les apôtres commencèrent cinquante jours seulement après la mort de Jésus-Christ à publier sa doctrine et ses miracles. Saint Pierre, debout au milieu des onze apôtres groupés à ses côtés, ne craint pas de dire, dans son premier discours, en pleine ville de Jérusalem, devant une foule immense : « Ce Jésus de Nazareth que Dieu a rendu « célèbre par les merveilles et les prodiges qu'il a opérés « au milieu de nous, vous l'avez crucifié, mais Dieu l'a « ressuscité, et nous tous sommes ses témoins (4) ». Or personne, pas même les meurtriers de Jésus-Christ, ne les contredit, et des milliers d'hommes se convertissent, séduits évidemment par la réalité incontestable des faits.

Qu'on ne dise pas que des gens du peuple seulement se rangèrent parmi les disciples de Jésus-Christ. Outre que les faits cités plus haut peuvent fort bien être constatés par des gens du peuple, des hommes tels que Zaïre, Nicodème, Zachée, Lazare, Joseph d'Arimathie, ceux que Jean appelle princes (5) du peuple, c'est-à-

(1) Saint Jean, V.
(2) Saint Math. XII.
(3) Saint Jean, IX, 1-41.
(4) Act. II, 22, 23, 24 ; III, 15.
(5) Saint Jean, XII, 42.

dire membres du Sanhédrin (1), les prêtres (2),
Crispus, chef de la synagogue de Corinthe, Apollon
« homme éloquent et fort instruit (3) », Paul enfin,
n'étaient point du peuple et possédaient assurément
l'intelligence suffisante pour constater la réalité des
faits miraculeux attribués à Jésus et aux apôtres.

§ 2. VÉRITÉ PHILOSOPHIQUE DES MIRACLES ÉVANGÉLIQUES

*Comment prouve-t-on le caractère miraculeux c'est-à-
dire la vérité philosophique des faits énumérés ci-dessus.*

En leur appliquant les règles de critique indiquées
page 73, c'est-à-dire en prouvant :
1° Qu'ils ne sont le résultat ni de l'art ni de la
fraude des hommes ;
2° Qu'ils ne sont pas produits par les forces de la
nature sensible.
3° Qu'ils ne sont pas l'œuvre des démons.
Le développement de ces preuves étant la réfutation
des systèmes rationalistes modernes sur les miracles
évangéliques, nous commencerons par l'exposition de
ces divers systèmes.

Systèmes rationalistes sur les Miracles Évangéliques

*Comment les rationalistes modernes expliquent-ils les
miracles ?*

Les miracles de Jésus-Christ seraient selon les uns,
(Reimarus 1694-1768) et Lessing (1729-1781), *l'œuvre
d'un imposteur* qui, par des artifices calculés, a
trompé les foules ; selon d'autres (Eichorn 1752-
1827), des *faits naturels* que le brillant manteau d'hy-
perboles et de métaphores dont le langage oriental
embellit tout ce qu'il touche, a fait prendre aux anciens
commentateurs pour des prodiges (4). C'est à un

(1) Commentaires de Fillion.
(2) Act. VI, 7.
(3) Act. XVIII, 24.
(4) Eichorn n'osa appliquer au Nouveau Testament les
principes qu'il avait appliqués à l'Ancien.

enthousiasme populaire allant jusqu'à produire l'hallucination, que Paulus (1761-1851) attribue la transformation en miracles de ces faits naturels. Selon Renan, Jésus-Christ n'aurait ni causé, ni combattu cette appréciation erronée de ses actes, qu'imagine Paulus, mais il l'aurait favorisée, ou, tout au moins, laissée s'accréditer et en aurait sciemment bénéficié. On a donné le nom de *système naturaliste* à cette explication des miracles de Notre-Seigneur.

D'autres enfin, Strauss (1) (1808-1872), prétendent que ce sont des mythes formés après la mort de Jésus-Christ, et fixés vers la fin du second siècle. Cette interprétation de Strauss s'est appelée le *système mythique.*

Certains incrédules plus récents admettent les faits miraculeux tels qu'ils sont racontés dans l'Évangile ; mais ils nient qu'ils soient dus à une intervention spéciale de Dieu, ils les rangent parmi les faits extraordinaires que produit le *magnétisme* ou *hypnotisme* et les attribuent à des causes naturelles.

Les Miracles évangéliques ne sont le résultat ni de l'art ni de la fraude

Prouvez qu'ils ne sont le résultat ni de l'art ni de la fraude (2) ?

S'ils étaient le résultat de l'art ou de la fraude, Jésus-Christ serait un imposteur, car lui-même a présenté les faits en question comme des œuvres divines : « Les « œuvres que je fais, dit-Il, rendent témoignage que « c'est Dieu le Père qui m'a envoyé (3) ». Or Jésus n'a ni voulu ni pu tromper.

Prouvez que Jésus-Christ n'a pas voulu tromper ?

Le fait que Jésus-Christ aurait voulu tromper est en contradiction avec les données les plus certaines de

----

(1) Strauss n'est pas l'inventeur du système mythique, qui avait déjà cours en Allemagne avant lui.
(2) Contre Reimarus et Lessing.
(3) Saint Jean, VIII, 46.

l'histoire sur l'élévation de son caractère et la sainteté de sa vie. Lui-même a pu dire à ses ennemis : « Qui de « vous me convaincra de péché (1) » ?

Pilate a rendu de lui ce témoignage public : « Je ne « vois rien en lui de coupable... Je suis innocent du « sang de ce juste ». Judas qui l'avait suivi durant trois ans et avait connu l'intime de sa vie, s'est écrié en mourant : « J'ai péché en livrant le sang du juste ». Personne, après sa mort, ne mit en doute sa vertu, et saint Paul a pu écrire : « Jésus est saint, innocent, « sans tache, séparé des pécheurs. »

Voici ce que nous lisons du caractère de Jésus, dans l'Emile de J.-J. Rousseau : « Quelle douceur, quelle pu- « reté dans ses mœurs, quelle grâce touchante dans ses « instructions ! Quelle élévation dans ses maximes ! « Quelle profonde sagesse dans ses discours !... Quel « empire sur ses passions ! Où est l'homme, où est le « sage qui sait agir, souffrir et mourir sans faiblesse et « sans ostentation !... Où Jésus avait-il pris chez les « siens cette morale élevée et pure dont lui seul a donné « les leçons et l'exemple ? »

Prouvez que Jésus-Christ n'aurait pas pu tromper ?

Jésus opérait ses miracles, comme nous l'avons dit, en présence de foules nombreuses, de témoins hostiles ; croit-on qu'il n'y avait pas, parmi tant de spectateurs, des gens éclairés et défiants, que des regards scruta- teurs ne suivaient pas tous ses mouvements, qu'on ne se renseignait pas exactement sur ses démarches anté- rieures et sur chacun de ses actes ? D'ailleurs les apôtres ne le quittaient jamais ; ils l'auraient vu faire ses préparatifs, et, quand il leur a donné à eux-mêmes le pouvoir d'opérer des miracles, ils auraient reçu ses secrets et connu son imposture à laquelle, à leur tour, ils auraient dû participer. Or, nous avons prouvé qu'ils n'ont été eux-mêmes ni trompés, ni trompeurs (2).

(1) Saint Jean, VIII, 46.
(2) Pages 109 et ss.

Ne peut-on pas dire que les miracles sont le produit de l'enthousiasme populaire et aveugle et que Jésus-Christ s'est borné à laisser croire à des miracles qui n'existaient pas (1) ?

Non ; la nature des faits miraculeux opérés par Jésus-Christ, l'examen auquel ils furent soumis en maintes circonstances, le nombre et le caractère des personnes qui crurent à leur réalité, ne permettent pas de douter de leur vérité historique. (Voir le développement de ces preuves, de la page 126 à la page 128).

De plus, dans cette hypothèse, Jésus-Christ, au lieu de tromper directement le peuple par ses paroles et ses actes, l'aurait trompé par son silence et son abstention : c'est une erreur connue et voulue qu'il aurait donnée pour base à l'édifice de sa gloire. Mais alors il aurait fait preuve d'un caractère sans noblesse et n'en mériterait pas moins l'accusation de fourbe et de menteur, ce qui, d'après ce que nous savons de la sainteté de Jésus-Christ, est inadmissible.

Les Miracles évangéliques ne sont pas produits par les forces de la nature sensible

Prouvez que les miracles évangéliques ne sont pas produits par les forces de la nature sensible (2) ?

Tous ces faits, comme l'apaisement d'une tempête, la guérison d'une blessure, la résurrection d'un mort, la multiplication des pains, etc., se sont produits dans des circonstances très apparentes, à la suite d'antécédents faciles à constater, et *dont on avait pu expérimenter nombre de fois, à l'égard de ces mêmes faits, l'impuissance naturelle.* Tout le monde sait bien, par exemple, que la parole et le commandement étaient une des circonstances, un des antécédents ordinaires de ces miracles. Or, une parole ne cicatrise pas instantanément une plaie, ne calme pas soudain une tempête, etc. Ainsi que nous l'avons expliqué (3), *dans les*

(1) Contre Eichorn, Paulus, Renan.
(2) Contre Renan et l'école la plus récente.
(3) Page 76.

mêmes circonstances, ce sont les mêmes forces naturelles qui agissent et les mêmes effets qui se produisent ; en conséquence, si des faits apparaissent dans des circonstances, qui, quoique exactement les mêmes, n'en avaient jamais vu antérieurement se produire de semblables, il faut bien admettre : 1° qu'une cause ou force nouvelle est intervenue ; 2° que cette cause ou cette force nouvelle n'appartient pas à l'ordre de la nature sensible.

C'est le cas des miracles évangéliques, qui ne sauraient donc être attribués à des forces de l'ordre sensible.

2° Si les miracles de Jésus-Christ étaient dus à des causes naturelles, nos savants modernes si versés dans la connaissance des forces de la nature, devraient pouvoir nous dire à quelle circonstance, à quel antécédent, ils attribuent chacun des miracles.

Or, non seulement ils restent muets sur ce point, mais si, mettant même de côté les circonstances au milieu desquelles ces miracles se sont produits, nous leur demandons de nous indiquer, parmi les forces naturelles soumises à leur pouvoir ou simplement à leur connaissance, à laquelle ils auraient recours pour multiplier eux-mêmes cinq petits pains, au point d'en nourrir plus de cinq mille hommes, pour apaiser soudain une tempête, pour se soutenir, sans moyens matériels, à la surface d'un lac, pour ressusciter des morts, pour guérir instantanément une blessure, etc., etc., ils ne nous répondent encore que par le silence. Au moins, en face de ces questions, les incrédules doivent-ils se montrer réservés et modestes.

3° Si les miracles évangéliques étaient dus aux forces de la nature sensible, ces causes naturelles auraient, dans les circonstances données, agi d'elles-mêmes par hasard, ou bien auraient été provoquées naturellement et sciemment par Jésus-Christ et les apôtres.

La première hypothèse n'est pas admissible. Outre que dans les *mêmes circonstances*, jamais il ne surgit de cause nouvelle, il serait ridicule de prétendre que le hasard aurait fait apparaître des forces juste à l'heure où les thaumaturges en avaient besoin, et cela, non pas une fois, mais des centaines de fois. Dira-t-on qu'elles étaient provoquées par la volonté de Jésus-Christ et des apôtres ? Mais comment auraient-ils connu des forces et des lois que tout le monde ignorait de leur temps, et, qu'à notre époque, on ne soupçonne même pas ? Cette connaissance, si on l'admettait, ne pourrait être naturelle et ne serait pas un miracle moins éclatant que les prodiges en question.

Peut on dire que des miracles évangéliques étaient dus à l'hypnotisme ? (1)

Non, et en voici la raison. L'apaisement d'une tempête, la multiplication des pains, le changement de l'eau en vin, la marche de Notre-Seigneur et de saint Pierre sur les flots et bien d'autres miracles ne sont certainement pas du domaine de l'hypnotisme. Si le moral d'un homme agit sur le système nerveux d'un autre homme et sur le sien propre, il reste sans influence sur les pierres ou autres choses inanimées. Il suffit d'un seul vrai miracle pour établir le pouvoir divin du Sauveur. Or, si Jésus-Christ possédait ce pouvoir divin, comme le prouvent les faits que nous venons de citer, que lui importait l'hypnotisme dont il n'avait nul besoin ? A quoi bon en user ?

D'ailleurs si Jésus-Christ avait eu recours à l'hypnotisme pour produire tel ou tel de ses miracles, étant donné qu'il nous les a tous présentés comme des signes divins (2), il mériterait le reproche d'imposteur. Ce qui, comme nous l'avons dit plus haut, n'est pas admissible.

Les Miracles évangéliques ne sont pas des Mythes

Qu'appelle-t-on Mythe ?

On appelle *Mythe* une histoire imaginaire, une espèce de fable qui se forme spontanément, sans intention déterminée, insensiblement, et sert d'expression, d'enveloppe à des idées religieuses, morales, métaphysiques et même physiques.

Quand il n'est pas une création complète, le mythe a

(1) Contre Renan et l'école la plus récente.
(2) Voir pages 129 et 136.

pour origine une légende, c'est-à-dire le récit grossi, exagéré d'un fait historique; mais il possède toujours un élément que n'a pas la légende, il est l'expression d'une pensée, d'une croyance.

Peut-on dire que les miracles évangéliques ne sont que des légendes et des mythes formés après la mort de Jésus-Christ ? (1)

C'est à la fin du second siècle que, selon les rationalistes, ces légendes et ces mythes se seraient trouvés formés. Or, 1° un siècle, c'est-à-dire l'intervalle qui nous sépare de la révolution française, est évidemment trop court pour changer en légende toute une histoire et pour faire éclore une mythologie. 2° C'est une supposition d'autant moins admissible, qu'on ne voit, à la fin du premier et dans le second siècle, aucune légende, aucun mythe se produire, et qu'on ne conçoit pas comment il eût pu s'en former. Le siècle d'Auguste, des Vespasiens et des Antonins était l'âge d'or de l'histoire écrite, des mémoires, commentaires, actes officiels, histoires philosophiques. 3° L'écriture existait ; or à une époque de critique, l'écriture rend la formation des légendes impossibles. 4° Des hommes instruits comme saint Clément de Rome, saint Ignace, saint Polycarpe, saint Justin, Athénagore, saint Irénée et autres, qui, vivant au premier et au second siècle, auraient été contemporains de la formation des légendes et des mythes, ne les auraient point admis, pas plus que les Tertullien, les Origène, etc., du siècle suivant. 5° L'idée messianique, qui avait cours parmi les juifs, était tellement différente du Messie de l'Évangile qu'elle n'aurait jamais produit le mythe d'un Christ d'une perfection jusqu'alors inconnue, c'est-à-dire, pauvre, humble, chaste, méprisé, vaincu au moins en apparence et tué par ses ennemis. 6° Strauss lui-même, l'inventeur de l'explication mythique, avoue : « que « l'histoire évangélique serait inattaquable, s'il était « constant qu'elle a été écrite par des témoins oculaires « ou du moins par des hommes voisins des événe-

(1) Contre Strauss.
(2) Vie de Jésus, Introduct. 13.

« ments (2) ». Or, nous avons donné plus haut des preuves incontestables de l'authenticité du Nouveau Testament.

Les Miracles évangéliques ne sont pas l'œuvre des démons

Prouvez que les miracles évangéliques ne sont pas l'œuvre des démons (1) ?

Les démons, comme le disait Notre-Seigneur aux pharisiens (2), ne peuvent pas tourner contre eux-mêmes leur propre puissance, à moins qu'ils n'y soient contraints par Dieu, et, dans ce cas, c'est Dieu, dont ils ne seraient plus que les instruments, qui agirait. Or, Notre Seigneur n'a cessé de leur faire la guerre, en les chassant des corps qu'ils possédaient, en opérant des prodiges contre leur gré, en prenant comme fin de sa prédication et de ses miracles l'anéantissement de leur pouvoir et la propagation de la vertu et du règne de Dieu. S'il avait été le ministre des démons, les démons auraient agi contre leur propre intérêt, ils auraient travaillé à leur propre ruine, ce qui est inadmissible.

Pourquoi les miracles sont-ils aujourd'hui plus rares qu'à l'origine de l'Eglise ?

« Parce que, dit saint Augustin (3), s'ils furent
« nécessaires à l'origine, pour que le monde crût à la
« mission divine de Jésus-Christ, ils ne le sont plus
« aujourd'hui. De même que les miracles de Jésus-
« Christ et des apôtres obligèrent leurs contemporains
« à croire d'avance à l'établissement et au règne futur
« de l'Église, ainsi l'établissement de l'Église et son
« règne actuel nous obligent, sous peine d'admettre
« un effet sans cause proportionnée, à croire aux mi-
« racles de Jésus-Christ et des apôtres ».

Ajoutons qu'il est faux que les miracles, comme le prétendent les rationalistes, aient cessé dans l'Eglise.

(1) Contre les juifs contemporains de Notre-Seigneur et les hérétiques des premiers siècles de l'ère chrétienne.
(2) Saint Matth. IX ; — Saint Luc XI.
(3) De la cité de Dieu, liv. 22, ch. 8.

Il suffit, pour s'en convaincre, de consulter les annales des pèlerinages, les procès de canonisation, l'histoire des missions, pour constater qu'il y a toujours eu et qu'il se fait encore aujourd'hui des miracles.

La conservation de l'Église, en dépit de la guerre acharnée et perpétuelle qui lui est déclarée en tous lieux, la réalisation à travers les siècles de prophéties de l'Ancien Testament et de Jésus-Christ relatives à l'Église, ne sont-elles pas un miracle continu et manifeste ?

Disons enfin qu'il y aura toujours des hommes chez qui la passion et l'intérêt parleront plus haut que la vérité, esprits endurcis auxquels ne cessera de pouvoir s'appliquer cette parole de Jésus-Christ : « S'ils n'écou- « tent ni Moïse, ni les prophètes, ils ne croiront pas non « plus, quand même quelqu'un des morts ressuscite- « rait ». De ceux-là nous pouvons dire : S'ils ne croient pas aux miracles de Jésus-Christ, ils ne croiraient pas à des miracles qui se feraient sous leurs yeux.

§ 3. FORCE DÉMONSTRATIVE DES MIRACLES ÉVANGÉLIQUES

Comment les miracles évangéliques démontrent ils la divinité de la religion chrétienne ?

En prouvant, comme nous l'avons déjà dit (1), la divinité de la mission de Jésus-Christ. Il est évident en effet, que, si Jésus-Christ est l'envoyé de Dieu, sa doctrine, c'est-à-dire la religion catholique, vient elle-même de Dieu.

Prouvez que les miracles évangéliques démontrent la divinité de la mission de Jésus-Christ (2).

Les miracles prouvent ce pourquoi ils sont opérés. Jésus-Christ va nous dire lui-même quel but il avait en vue ; son témoignage est des plus clairs : « Les « œuvres que je fais (guérisons et autres miracles),

(1) Page 92.
(2) Nous n'avons en vue ici que de prouver que Jésus-Christ est l'*envoyé* de Dieu. Nous établirons plus tard, non seulement qu'il est l'envoyé de Dieu, mais qu'il est Dieu.

« dit-il, rendent témoignage que c'est Dieu le Père
« *qui m'a envoyé* (1) ». « Ne croyez vous pas que
« *Dieu le Père est en moi* ? Croyez-le du moins à cause
« de mes œuvres (2) ». « Si vous ne croyez pas à mes
« paroles, croyez aux œuvres que je fais pour que
« vous sachiez que *Dieu le Père est en moi* (3) ».

Aux disciples de Jean qui viennent lui demander s'il
est le Messie attendu : « Dites à Jean, répond-il, que
« les aveugles voient, que les boiteux marchent, que
« les lépreux sont guéris, que les morts ressuscitent,
« que les pauvres sont évangélisés (4) ». Puisque Jésus-
Christ donnait ses miracles comme signes de sa mission messianique, c'est donc bien dans le but d'en démontrer la réalité qu'il les opérait. Sur le point de ressusciter Lazare : « Je vous rends grâce, ô Père, dit-il, de
« ce que vous m'écoutez, à cause de ce peuple qui m'en-
« toure, et afin qu'il croie que c'est vous *qui m'avez
« envoyé* (5) ». Reprochant aux juifs leur incrédulité,
il dit : « Si je n'avais pas fait parmi eux des œuvres
« miraculeuses, ils n'auraient point de péché, mais
« maintenant ils n'ont pas d'excuse de leur péché (6) ».

Personne, du reste, ne se fit illusion sur le but et la
portée des miracles de Jésus-Christ. Le pharisien Nicodème dit à Jésus : « Maître, nous savons que vous êtes
« un docteur *venu de la part de Dieu*, car personne ne
« saurait faire les miracles que vous faites, *si Dieu
« n'était avec lui* (7) ».

ARTICLE III

De la Résurrection de Notre-Seigneur

Personne ne saurait contester que la résurrection du
Sauveur, si elle est constatée, ne soit un véritable
miracle et le plus grand des miracles. Il nous suffit

(1) Saint Jean, V. 13.
(2) Saint Jean, XIV, 11, 12.
(3) Saint Jean, X, 38.
(4) Saint Matth. II.
(5) Saint Jean, XI.
(6) Saint Jean, XV.
(7) Saint Jean, III, 2.

donc d'en démontrer la réalité, c'est-à-dire la vérité historique. Quant à ses conséquences au point de vue de la religion chrétienne, elles sont telles, que saint Paul n'a pas craint de dire : « Si le Christ n'est pas « ressuscité, vaine est notre prédication, vaine est « votre foi » (1).

§ 1. VÉRITÉ HISTORIQUE DE LA RÉSURRECTION

Comment prouve-t-on la résurrection de Jésus-Christ ?

1° *Par les témoignages des apôtres.* Lisez saint Matthieu, XXVIII ; saint Marc, XVI ; saint Luc, XXIV ; saint Jean, XX. Lisez encore saint Pierre, première épître, I ; saint Paul, première aux Corinthiens, XV ; les Actes, XVII. Les Actes, II, nous montrent saint Pierre, debout au milieu de Jérusalem, disant à la foule, en présence des onze apôtres rangés à ses côtés : « Ce Jésus, Dieu l'a ressuscité et nous tous sommes « témoins de sa résurrection. »

2° *Par ses diverses apparitions.* Il apparut à Marie Madeleine seule (2) ; aux saintes femmes (3) ; à deux disciples se rendant à Emmaüs (4) ; à tous les apôtres réunis, Thomas excepté (5) ; aux mêmes apôtres, Thomas étant présent (6) ; dans cette apparition, Thomas enfonce son doigt dans les plaies des mains et des pieds de Notre-Seigneur et sa main dans celle de son côté. Jésus se fit voir encore à sept disciples sur les bords du lac de Tibériade (7) ; à saint Pierre seul ; à saint Jacques le mineur seul ; à plus de cinq cents disciples sur une montagne de Galilée (8). Dans ces apparitions, qui se répétèrent durant quarante jours, il s'entretint avec ses apôtres de l'établissement du royaume de

(1) I aux Corinth. XV, 14.
(2) Saint Jean, XX.
(3) Saint Matthieu, XVIII.
(4) Saint Luc, XXIV.
(5) Saint Luc, XXIV et Saint Jean, XX.
(6) Saint Jean, XX.
(7) Saint Jean, XXI.
(8) Saint Paul, I aux Corinth., XV, 5, 6, 7 ; — Saint Matth. XXVIII.

Dieu (1), il but et mangea avec eux (2), enfin il s'éleva dans le ciel, en présence d'un grand nombre de disciples (3).

3° Par la façon d'agir de ses ennemis. 1° Les juifs reconnaissent que Jésus-Christ a dit qu'il ressusciterait trois jours après sa mort et ils font garder le sépulcre par leurs propres gardes ; cette double circonstance nous garantit déjà de toute fraude. 2° Bien loin de punir les soldats de leur négligence, les princes des prêtres leur donnent une grosse somme d'argent et leur recommandent de dire que les apôtres ont enlevé le corps de Jésus-Christ durant leur sommeil, ce qui arrache à saint Augustin cette réflexion : « S'ils dormaient, « comment purent-ils voir ce qui se passa, et s'ils ne « virent rien, que peuvent-ils affirmer de cet enlève- « ment ? » Or, si ce sommeil, grâce auquel les apôtres auraient enlevé le corps de Jésus, eût été vrai, est-ce qu'il était besoin, si l'on désirait que le fait fût connu, de donner de l'argent aux soldats ? Est-ce que ceux-ci ne l'auraient pas raconté spontanément ? Est-ce que les princes des prêtres n'auraient pas été plutôt saisis de fureur contre ces gardes infidèles ? Est-ce qu'ils ne les auraient pas sévèrement châtiés ? L'impunité assurée et l'argent donné prouvent qu'ils n'avaient qu'un but : empêcher les soldats de dire la vérité. 3° Si les apôtres ont enlevé le corps de Jésus, pourquoi les juifs ne les ont-ils pas traduits devant les tribunaux pour avoir brisé des scellés et dérobé, malgré l'interdiction formelle du pouvoir, un corps qui ne leur appartenait plus ? Pourquoi n'ont-ils pas rendu la fraude manifeste, eux qui avaient en leur pouvoir la force et tous les moyens de publicité ?

4° Par la conversion d'un grand nombre de juifs. Comment expliquer la conversion de tant de milliers de juifs, de tant de prêtres, de païens, à une époque où la foi exposait à de si graves dangers, si la sincérité des apôtres et la résurrection de Jésus-Christ n'avait été absolument hors de doute ? Jésus vivant avait à peine

(1) Act. I, 3 ; X, 42.
(2) Act. X, 41.
(3) Act. I, 9 ; — Saint Marc, XVI, 19 ; — Saint Luc, XXIV, 50.

gagné, par ses prédications et ses miracles, quelques disciples, combien en aurait-il moins gagné après sa mort, si sa résurrection n'avait pas été certaine !

§ 2. RÉFUTATION DES PRINCIPALES OBJECTIONS

Est-il bien certain que Jésus-Christ était mort ?

Incontestablement, nous en avons pour garants le témoignage des quatre évangélistes ; l'omission pour Jésus du brisement des jambes, dont l'unique but était de hâter la mort des crucifiés ; le coup de lance porté, comme ce qu'on appelle le coup de grâce, pour assurer la mort ; la réponse affirmative du centenier à Pilate qui lui demande « si Jésus est déjà mort » ; le réel désespoir des saintes femmes et des apôtres ; la quantité énorme d'aromates dont on enveloppe le corps du Sauveur, le froid du sépulcre, la privation d'air, trois causes qui, dans l'affaiblissement extrême où il aurait été réduit, auraient promptement achevé de le tuer ; l'intelligence des juifs qui, pour enlever à ses prédictions de résurrection jusqu'à la moindre apparence de réalisation, durent, avant de l'enfermer dans le sépulcre et de sceller la pierre, s'assurer qu'il était bien mort ; enfin le silence de toute l'antiquité juive et païenne, qui ne contesta jamais la mort de Jésus.

Est-il bien certain que le corps de Jésus n'a pas été enlevé par les Apôtres ?

Oui, et en voici la preuve :
1° Eussent-ils voulu ravir le corps de leur maître, comment l'auraient-ils pu ? En corrompant les gardes ? Mais ils pouvaient craindre d'échouer dans leur tentative et d'être dénoncés au peuple et aux tribunaux comme fourbes et provocateurs à l'insoumission et à la trahison. D'ailleurs les chefs de la synagogue avaient dû choisir des hommes sur l'intégrité desquels ils pouvaient compter. Eux-mêmes les auraient soupçonnés de s'être laissé corrompre, et bien loin de leur donner de l'argent, les auraient accusés de trahison. En usant de violence ? Il y aurait eu un combat, des blessés, des

morts, les apôtres auraient été saisis, jugés, condamnés pour violation de scellés et pour meurtre.

2° Qu'on ne parle pas de souterrain, de porte secrète. Outre que Joseph d'Arimathie eût manqué de temps pour préparer de telles issues, les ennemis de Jésus-Christ étaient assez défiants pour avoir songé à tout cela, avoir tout examiné soigneusement, n'avoir pas scellé un sépulcre qui ne fermait pas, ou n'en avoir pas gardé la porte, sans en surveiller toutes les approches.

3° En supposant enfin, que les apôtres aient enlevé le corps de leur maître, comment expliquer que, dans l'état de dispersion et d'isolement où ils vécurent, ils aient gardé, sur ce fait, un secret que la conservation de leur tranquillité, de leurs intérêts de famille, de leur vie, les engageait à divulguer ?

4° Quel intérêt enfin auraient eu les apôtres à dérober le corps de Jésus ? Si Jésus était réellement mort comme un homme ordinaire, ils n'étaient que ses dupes et n'avaient rien à espérer d'un mort.

Pourquoi Jésus-Christ n'est-il pas apparu à ses enne- mis, pour les convaincre ?

Ses ennemis méritaient-ils cette faveur ? D'ailleurs qui peut affirmer qu'il ne l'a pas fait, et que ce n'est pas à ces apparitions qu'il y a lieu d'attribuer en partie les conversions de tant de juifs et de païens ?

Peut on attribuer à l'enthousiasme, au fanatisme, à l'hallucination, la croyance des apôtres à la résurrec- tion de leur maître ? (1)

Non, car l'histoire démontre que les apôtres furent loin d'être enthousiastes et fanatiques sur ce point. Tout au contraire. A peine les juifs s'approchent-ils pour saisir Jésus, que tous prennent la fuite. Saint Pierre, le plus fidèle de tous, aurait-on cru, jure qu'il ne le connaît même pas. Aucun, si ce n'est saint Jean, n'est au pied de la croix, quand il rend le dernier sou- pir. Les saintes femmes viennent leur annoncer sa résurrection de la part des anges : « ils regardent

(1) Hypothèse de Renan.

« comme une rêverie ce qu'elles leur disent et ne le
« croient point (1) ». Deux disciples, se rendant à
Emmaüs, témoignent tant de défiance à l'égard de la
résurrection de Jésus, qu'ils s'attirent ce reproche :
« Hommes insensés et tardifs à croire ! (2) » Forcés de
reconnaître la résurrection et la présence de Jésus,
« ils vont l'annoncer aux apôtres, mais ceux-ci encore
« ne les croient pas (3) ». Jésus apparaît aux onze
réunis : « C'est moi, leur dit-il, n'ayez pas peur ». Ils
s'imaginent voir un esprit : « Pourquoi vous troublez-
« vous, reprend-il, regardez mes mains et mes pieds,
« c'est moi-même ; touchez-moi, regardez-moi ; un
« esprit n'a ni chair ni os, comme vous voyez que j'en
« ai ». Et il leur montre ses mains et ses pieds ; mais
comme ils ne croient point encore......, il man-
ge devant eux du poisson rôti et d'un rayon de
miel (4).

On connaît l'incrédulité de Thomas qui ne crut
qu'après avoir mis ses doigts dans les plaies des
mains et des pieds, et sa main dans la plaie du côté
de Notre-Seigneur.

Enfin, les apôtres étaient si peu crédules, que le Sauveur, leur apparaissant un jour qu'ils étaient tous à
table, « leur reprocha leur incrédulité et leur dureté de
« cœur, de ce qu'ils n'avaient pas cru ceux qui l'avaient
« vu ressuscité (5) ».

Une foule d'autres textes nous montreraient qu'il
n'y eut dans l'esprit des apôtres, à l'égard de la résurrection de Jésus, ni enthousiasme, ni hallucination.
Quant à Madeleine et aux saintes femmes, elles ne
furent pas seules à voir Notre-Seigneur, et Renan, en
faisant reposer la croyance de l'Église à la résurrection de Jésus-Christ sur une seule apparition inventée
par l'imagination exaltée d'une femme, manque totalement de bonne foi. C'est à maintes reprises, comme
nous l'avons vu, que Jésus apparut aux apôtres.

( ) Saint Luc, XXIV, 11.
(2) Saint Luc, XXIV, 25.
(3) Saint Marc, XVI, 13.
(4) Saint Luc, XXIV.
(5) Saint Marc, XVI, 14.

Est-il admissible que tant d'hommes se soient laissé tromper par des hallucinations, aient résisté à toutes les objections qui leur ont été faites, et aient ajouté foi à une résurrection imaginaire jusqu'à donner leur sang pour en affirmer la réalité ? La seule évidence a pu les déterminer à croire un fait si extraordinaire et à le publier avec l'audace et la persévérance que l'on sait.

Est-il admissible que les apôtres auraient prêché la résurrection de Jésus-Christ, s'ils n'y avaient pas cru ?

Non, car rien ne leur aurait donné l'espérance de la faire accepter comme vraie. « Sur quoi, dit saint Jean Chry-
« sostome, auraient-ils compté ? Sur l'autorité de leur
« parole ? Ils étaient les plus ignorants des hommes.
« Sur l'influence que donne la fortune ou une illustre
« naissance ? Ils n'avaient pas même de bâton ni de
« chaussure ; ils étaient plébéiens, de basse extraction,
« issus d'un peuple méprisé. Auraient-ils compté sur
« leur nombre ? Ils étaient douze, dispersés dans de
« lointaines contrées. Sur les promesses de leur maître ?
« Mais s'il n'était pas ressuscité, quelle confiance
« pouvaient-ils avoir en lui ? Comment leur serait-il
« venu à l'esprit de parcourir l'univers pour implanter
« la croyance à une résurrection mensongère ? Comment
« auraient-ils bravé la colère de la foule, quand leur
« chef rougit devant une servante et quand, à la seule
« vue de leur maître saisi par les juifs, ils prennent
« la fuite ? Comment auraient-ils affronté rois, princes,
« peuples, glaives, grils, fournaises, supplices et
« morts de toutes sortes, s'ils n'avaient été soutenus
« par l'évidence de la résurrection de Jésus-Christ, en
« même temps que par sa grâce (1). »

La résurrection de Jésus prouve-t-elle la divinité de sa mission ?

Assurément, puisqu'elle ne peut avoir que Dieu pour auteur.

Les apôtres, qui ne cessent d'affirmer la divinité de

____

(1) Hom. 89, All. 90, sur saint Matth.

la mission de Jésus-Christ, en font le principal argument de leur prédication, et c'est comme témoins de la résurrection qu'ils se posent sans cesse.

S'agit-il de donner un successeur au traître Judas, « il faut, dit saint Pierre, choisir quelqu'un qui soit « avec nous témoin de la résurrection (1). » S'adressant à la foule des juifs, le même apôtre ajoute : « Ce Jésus, « Dieu l'a ressuscité et nous tous sommes ses té-« moins (2) ». Nous lisons au quatrième chapitre des Actes : « Et tous les apôtres rendaient courageusement « témoignage de la résurrection de Notre Seigneur Jésus-Christ. » C'est au nom de Jésus ressuscité que les apôtres opèrent des miracles : « Au nom de « Jésus de Nazareth, dit Pierre à un paralytique, lève-« toi et marche. » « Dieu, par ce miracle, s'empressent-« ils d'ajouter, a glorifié son fils Jésus qu'il a ressus-« cité d'entre les morts (3). »

Cette insistance des apôtres à affirmer et à rappeler la résurrection de Jésus montre bien qu'ils la regardent comme une preuve invincible de la divinité de sa mission. Elle en est, en effet, la plus éclatante démonstration.

(1) Act. I, 22.
(2) Act. II, 32.
(3) Act. III.

CHAPITRE IV

Des Prophéties de Jésus-Christ

ARTICLE Ier

Énumération des prophéties de Jésus-Christ

Quelles sont les prophéties faites par Jésus-Christ ?

Jésus-Christ a prédit les circonstances de sa Passion, à savoir qu'il serait livré aux gentils, moqué, flagellé et qu'on lui cracherait au visage ; il a prédit sa mort, sa résurrection pour le troisième jour après sa mort (1), la trahison de Judas (2), la fuite des apôtres, le reniement de Pierre, les persécutions dont ses disciples seraient l'objet (3), la prédication, dans tout l'univers, de l'Évangile (4) et de l'acte de Marie-Magdeleine arrosant ses pieds de parfums (5), la résistance invincible et la perpétuité de l'Église (6), la destruction de Jérusalem et du temple et les circonstances du siège (7). Or, toutes ces prophéties se sont réalisées et confirment, en manifestant, comme les miracles, l'intervention divine en faveur de Jésus, la divinité de sa mission.

ARTICLE II.

Critique des prophéties de Jésus-Christ

Les prophéties de Jésus-Christ remplissent-elles les conditions qui sont nécessaires pour qu'elles aient une valeur démonstrative ?

Oui. Une prophétie, en effet, possède une valeur dé-

(1) Saint Luc, XVIII, 31 et ss.
(2) Saint Jean, XIII.
(3) Saint Matth., X, XXIV ; — Saint Luc, XXI.
(4) Saint Matth., VIII, XXIV, XXVI ; — Saint Marc, XIV.
(5) Saint Matth., XXVI, 13.
(6) Saint Matth., XVI, 19, XXVIII. 20.
(7) Saint Matth., XXIII, 36, 38 ; XXIV, 2 ; — Saint Marc, XIII, 2 ; — Saint Luc, XIII, 34, 35 ; XXI, 6 ; XIX, 43, 44 ; XXI, 20, 24.

monstrative, quand elle a été faite antérieurement à l'événement qu'elle annonce, que cet événement est un futur contingent (1), qu'elle est littéralement accompli.

Or, tous les points indiqués ci-dessus comme prédits par Notre-Seigneur sont des futurs contingents, puisque tous étaient subordonnés à la libre détermination, soit des persécuteurs, soit de Judas, soit d'une foule d'autres hommes.

Quant à l'antériorité des prédictions et à leur réalisation, elles nous sont garanties par le témoignage du Nouveau Testament, dont nous avons établi précédemment l'autorité historique.

La conclusion à tirer des prophéties de Jésus-Christ est la même que celle que nous avons tirée de ses miracles. Elles prouvent ce pourquoi elles sont faites. Or, le but du Sauveur, quand il prédisait l'avenir, ne pouvait être autre que de démontrer à ceux qui verraient l'accomplissement de ses prédictions, que Dieu était en lui et l'inspirait, partant que sa mission est bien divine.

Comment expliquer l'incrédulité des juifs en présence de tant de miracles ?

Elle s'explique comme s'expliquent toutes les façons déraisonnables d'agir des hommes, par leur légèreté d'esprit et l'inclination au mal qui est innée dans le cœur humain. Que d'hommes sont victimes, même dans l'ordre de leurs intérêts matériels, de ce double côté défectueux de leur nature ! Combien, par leur faute, ne sortent jamais de la misère où ils sont nés ! Combien perdent santé, fortune, considération, par suite de leur défaut d'intelligence et de leurs instincts déshonnêtes ! Et dans l'ordre spirituel, que de faits analogues ! « L'ordre, la beauté et l'harmonie de « l'univers, dit saint Jean Chrysostome, révèlent un « créateur. Combien d'hommes ne voient dans ces merveilles que l'effet du destin ou du hasard ! » Judas connaissait bien la science, la puissance et la bonté de son maître, et cependant il le trahit.

(1) Voir ce qu'on entend par *futur contingent*, page 84.

D'ailleurs beaucoup de juifs crurent à Jésus. Or, qui ne voit que la foi est difficile en soi et dans ses conséquences, que l'incrédulité est chose facile, que la conversion d'une seule personne prouve plus que l'obstination de mille incrédules ?

CHAPITRE V

Autres preuves de la divinité de la religion chrétienne

Quels sont, outre les miracles et les prophéties, les autres preuves de la divinité de la religion chrétienne ?

Pour ne pas entrer dans de trop longs développements, nous nous bornerons à citer : 1° la rapidité de sa propagation dans tout l'univers ; 2° sa conservation à travers les siècles ; 3° son efficacité moralisatrice ; 4° l'héroïsme de ses martyrs.

Notions préliminaires

MIRACLES DE L'ORDRE MORAL

D'où ces diverses preuves tirent-elles leur valeur ?

De ce que ces faits sont des miracles. Ils appartiennent à l'ordre moral, mais ils n'en sont pas moins de vrais miracles.

Qu'appelle-t-on miracles de l'ordre moral ?

On appelle miracles de l'ordre moral des faits intellectuels ou moraux (1) qui dérogent à toutes les lois auxquelles obéissent l'intelligence et la volonté humaines, sont directement voulus par Dieu, et ne se produisent que moyennant son intervention extraordinaire.

Ainsi, d'après ces lois, qu'on appelle *lois morales* (2), tout fait appartenant à l'ordre moral est le résultat de la sagesse, de l'habileté et des passions humaines, de l'influence qu'exercent la vérité et le bien, la science

(1) Nous entendons par *faits moraux* des faits qui émanent de la volonté libre.

(2) Mazzelia, de la Religion, n° 30.

et l'éloquence, les richesses, les plaisirs, les honneurs, la puissance, la force, etc. (1).

Si donc il se produit un fait ou une série de faits qui, vu les circonstances, ne soient attribuables à aucune de ces causes, ni à tout autre élément humain, ni à l'action des esprits (2), c'est à l'intervention divine qu'il faut nécessairement l'attribuer, sous peine d'admettre un effet sans cause suffisante ; et, ce fait, comme ceux de l'ordre physique qui sont directement produits par Dieu, mérite le nom de miracle..

ARTICLE Ier

Preuve tirée de la propagation de la religion chrétienne

Comment prouve-t-on que la propagation de la religion chrétienne est un miracle d'ordre moral ?

En montrant, par l'étude du fait lui-même, de ses caractères, de ses causes, c'est-à-dire des moyens naturels employés à le produire, qu'il n'y a pas de proportion entre le fait et ces moyens naturels, partant qu'il doit être attribué à une cause surnaturelle, savoir Dieu.

§ 1. LE FAIT

Établissez le fait de la rapide propagation de la religion chrétienne dans l'univers ?

Il suffit de citer les histoires ecclésiastiques et profanes.

(1) Ne pas confondre les *lois morales* avec la *loi morale*. La loi morale est une question de *droit*, c'est ce qui *doit* se faire. Les lois morales, dont nous parlons, rentrent dans l'ordre des *faits*. Elles sont ce qui se passe d'ordinaire, soit chez les individus, soit chez les peuples, dans l'ordre de l'intelligence et de la volonté, comme les lois physiques sont ce qui se passe, selon le cours ordinaire, dans l'ordre sensible. Les lois morales se connaissent, comme les lois physiques, par l'observation et l'expérimentation.

(2) Il n'y a pas lieu de se préoccuper, dans la question présente, de l'action des esprits. Les démons ne sauraient travailler, tout au moins de leur gré, au triomphe du christianisme, qui a précisément pour but de détruire leur empire, et les anges, s'ils intervenaient, le feraient comme instruments de la puissance et de la bonté divines.

1° *Ecrivains chrétiens.*

Premier siècle. Saint Luc, dans les Actes des apôtres, nous dit que le jour même de la Pentecôte, trois mille hommes se convertirent, au premier discours de saint Pierre (1) ; que le Seigneur augmentait tous les jours le nombre des chrétiens (2) ; que, peu de jours après, cinq mille hommes, sans compter les femmes et les enfants, crurent en Jésus-Christ (3) ; que le nombre de ceux qui croyaient en Jésus Christ augmentait de plus en plus (4). Dix ans après la mort du Sauveur, saint Pierre écrivait de Rome : « aux fidèles dispersés dans « les provinces du Pont, de la Galatie, de la Cappadoce, « de l'Asie et de la Bithynie (5) » et, vingt ans plus tard, saint Paul pouvait dire aux Colossiens : « L'Évan- « gile est parvenu jusqu'à vous, comme il est aussi « répandu dans tout l'univers (6) ».

Au commencement du second siècle, saint Ignace écri- vait aux habitants de Philadelphie : « L'Église de Jésus- « Christ s'est propagée d'une extrémité à l'autre « extrémité de la terre ».

Saint Justin au milieu du même siècle : « Il n'est pas « de races d'hommes, soit barbare soit grecque, ou de « quelque autre nom qu'on lui donne, où l'on n'adresse « des prières à Dieu le Père, au nom de Jésus cru- « cifié. »

« *Au troisième siècle,* Tertullien, mort en 245, écri- « vait : « Nous ne sommes que d'hier et nous remplis- « sons vos villes, vos îles, vos forteresses, vos bour- « gades, vos assemblées, vos camps, vos tribus, vos « décuries, le palais, le Sénat, le forum. Nous ne vous « avons laissé que vos temples. Le Christ règne « chez les Parthes, les Mèdes, en Mésopotamie, en « Afrique, en Égypte, jusqu'au delà de Cyrène, jus- « qu'aux limites extrêmes du pays des Gétules et des « Maures, de l'Espagne, de la Gaule, de la Bretagne « inaccessible aux Romains, de la Germanie, de la

(1) Act. Chap. III, 41.
(2) Act. III. 47.
(3) Act IV, 4.
(4) Act. V, 14.
(5) Première lettre, I.
(6) Aux Coloss. I, 6.

« Scythie et d'une foule de contrées et d'îles qu'il serait
« trop long d'énumérer ».

II° *Écrivains païens.*

Parmi les écrivains païens, Tacite, parlant de l'époque de Néron, qui régnait trente ans seulement après la
mort de Jésus-Christ, disait : « La multitude des chré-
« tiens est immense. » Sénèque, précepteur de ce même
Néron : « Cette race s'est tellement accrue, qu'elle se
« trouve dans toutes les parties de la terre. » Pline-le-
Jeune, proconsul d'Asie, écrivait à Trajan, au commencement du second siècle : « Cette superstition conta-
« gieuse du Christ a envahi non seulement les villes,
« mais les villages et les campagnes, tellement que les
« temples des dieux sont devenus déserts. »

§ 2. LES CARACTÈRES

*En quoi consistent les caractères propres à la propa-
gation de la religion chrétienne ?*

Ils consistent en ce que la religion chrétienne dut
triompher, pour s'établir et se propager, de difficultés
intrinsèques et de difficultés extrinsèques extraordinaires.

*Énumérez les difficultés intrinsèques que rencontra la
propagation de la religion chrétienne.*

1° Il s'agissait de faire adorer *un juif*, et *un juif
crucifié*, « sujet de scandale pour ses compatriotes et de
« dérision pour les gentils. » Qui ne sait, en effet,
combien, dans l'antiquité, cette race de juifs était déjà
méprisée et combien le supplice de la croix était en
horreur ?

2° Il s'agissait de faire accepter des *dogmes incompréhensibles* : le mystère de la Sainte Trinité, l'Incarna-
nation du Verbe, le péché originel, la résurrection des
morts, etc. Qui ne sait encore combien il répugne à
l'homme de croire des mystères qui lui semblent en
opposition avec sa raison ?

3° Il s'agissait de propager une *morale contraire à
toutes les tendances du cœur humain* et à *toutes les habitudes reçues.* Elle dit aux avares : « N'amassez pas des
« trésors sur la terre. » Aux débauchés : « Celui qui

« sème dans les plaisirs des sens n'en retirera que la
« corruption ; la vie éternelle sera le partage de celui
« qui vit de l'esprit. »

Aux orgueilleux : « Celui qui s'élève sera humilié. »

A ceux qu'anime l'esprit de haine et de vengeance :
« Aimez vos ennemis, priez pour ceux qui vous persé-
« cutent. » Enfin elle dit à tous : « N'aimez ni le monde, ni
« les choses du monde, car tout ce qui est du monde,
« n'est que plaisir des sens et vaine gloire ».

Qui ne sent, par son propre cœur, combien la nature
est peu disposée à admettre pareille morale ?

Ajoutez à ces difficultés, non seulement l'absence
d'avantages dans la vie présente, mais l'expectative du
mépris et des persécutions.

*Énumérez les obstacles extérieurs qui s'opposèrent à
l'établissement et à la propagation de la religion chrétienne.*

I. *Chez les juifs* : 1° Leur attachement à une religion
qu'ils savaient avoir été révélée et à des cérémonies que
Moïse leur avait prescrites ; 2° l'opposition qu'il y
avait entre le Messie modeste et pauvre qui se présentait à eux, et le Messie puissant et conquérant qu'ils
avaient rêvé ; 3° les persécutions des princes des prêtres
contre ceux qui se convertissaient.

II. *Chez les païens* : 1° Les préjugés du paganisme
transmis par les familles et que fortifiaient l'éducation
et les ouvrages des écrivains ; 2° la corruption des
sens, qui était poussée à un degré extrême et ne dis-
posait ni à recevoir la sublime doctrine de Jésus-
Christ, ni à suivre ses austères préceptes ; 3° l'opposition des prêtres, dont toute l'influence devait disparaître
avec le culte des idoles ; celle des philosophes, dont la
nouvelle doctrine contredisait et ruinait les systèmes ;
celle enfin des empereurs romains, qui croyaient la
prospérité de l'empire liée à l'antique religion et tenaient
à conserver dans leurs mains l'autorité religieuse en
même temps que le pouvoir civil. Cette hostilité des
empereurs fut telle, que dix persécutions officielles et
sanglantes en furent la conséquence, de Néron à Dio-
clétien, c'est-à-dire de l'an 64 à l'an 313, et qu'une

multitude innombrable de chrétiens (1) périrent pour leur foi dans d'atroces supplices.

§ 3. LES CAUSES

Quels ont été les moyens naturels mis en œuvre pour triompher de ces difficultés intrinsèques et extrinsèques ?

1° *Des hommes sans prestige personnel* : « Dieu a choisi, « dit saint Paul, les moins sages selon le monde, pour « confondre les sages. Il a choisi les faibles selon le « monde pour confondre les puissants, les plus vils et « ce qui est rien pour détruire ce qui était grand et le « plus estimé (2). » En effet, les propagateurs de la nouvelle doctrine, les nouveaux conquérants du monde sont au nombre de douze seulement et ces hommes sont des juifs méprisés, des publicains détestés, des gens de métier, et, selon l'expression de saint Ambroise, « sans « instruction, sans titres de noblesse, sans fortune (3). » « Ils sont vêtus, remarque saint Jean Chrysostome, « d'une seule tunique, ils ne portent ni chaussures, ni « bâton, ni ceinture, ni bourse, et ils s'avancent comme « des brebis au milieu des loups, nouvelle et bien « étrange manière de faire la guerre. »

2° *Des hommes sans ressources et sans armes* : « Quant « à leurs armes, dit saint Paul, elles sont spirituelles. » Ils prient, et en retour de la foi, de la vertu, de luttes pénibles contre la propre nature, de persécutions de toutes sortes, ils ne promettent que des récompenses où la satisfaction des sens n'entrera que pour une part minime ; encore ces récompenses ne seront-elles accordées qu'après la mort. Ils n'ont rien à offrir en ce monde, ni plaisirs, ni richesses, ni honneurs.

Comment sait-on que ces moyens naturels sont incapables de produire par eux-mêmes le résultat obtenu dans la prédication ?

Par la disproportion absolue qui existe entre eux et

(1) Fleury, IIe Disc. sur l'Hist. ecclés. n° 2. — Don Ruinart : Actes véritables et choisis des martyrs.
(2) I aux Corinth., I, 27, 28.
(3) Sur saint Luc, l. V, n° 44.

le résultat obtenu. Le résultat est prodigieusement grand, les moyens sont nuls ou insensés. Or, il n'est pas naturel que quelque chose se fasse de rien. L'effet ne saurait dépasser la cause qui le produit. Qu'on songe que des moyens d'une telle infériorité n'ont jamais rien produit dans le monde, qu'il n'est guère de moyen humain capable de tirer un homme de ses préjugés et de ses habitudes vicieuses, que les plus grands philosophes n'ont pu, malgré tout le prestige de leur talent, vulgariser les théories qui n'apportaient pas avec elles l'espoir de jouissances sensibles et immédiates, ou qui enseignaient, comme la doctrine de Socrate, une morale plus élevée que celle qui avait cours, et l'on se rendra compte que ce ne sont pas les moyens humains, dont disposaient les apôtres, qui ont pu convertir tant de millions d'hommes et tant de nations, mais qu'il a fallu pour obtenir un tel résultat, l'intervention d'une autre force, celle de Dieu (1).

Pourquoi ne peut-on pas opposer à la propagation du christianisme celle du mahométisme, du protestantisme et des autres religions?

Parce que les *caractères* de l'établissement de ces religions diffèrent totalement de ceux de l'établissement de la religion chrétienne. Outre qu'elles se heurtèrent à infiniment moins d'obstacles que la religion chrétienne, toutes ces religions opposèrent aux difficultés intrinsèques et extrinsèques qu'elles rencontrèrent, des moyens naturels qui, dans le monde, assurent toujours le triomphe d'une cause : l'espoir des biens temporels, le prestige de la richesse et de la puissance, la force, la fourberie, et surtout la liberté laissée à toutes les passions du cœur humain.

(1) Est-ce à dire que dans la propagation, la conservation et autres triomphes de la religion chrétienne, que nous donnons ici comme preuves de sa divinité, les moyens humains n'aient été d'aucune utilité ? Nullement. La Providence s'en est servie comme elle s'en sert, tous les jours, dans l'œuvre de l'apostolat, à titre d'*instruments, d'auxiliaires*. Ce que nous soutenons, c'est qu'ils ne sauraient être considérés comme des *causes*, capables de produire par elles-mêmes d'aussi merveilleux effets. (Mazzella, de la Religion, n° 316, 3°).

Mahomet n'est qu'un conquérant soumettant, par l'épée, à une religion de morale facile, des peuples vaincus. Bien d'autres conquérants ont imposé de la sorte leur autorité et leurs croyances.

Les succès du protestantisme sont dûs à son principe que *la foi justifie sans les œuvres, et justifie de tout*, à la liberté qu'il accorde par là aux mauvaises passions, à la suppression de pratiques chrétiennes parfois gênantes, comme la confession, l'obéissance au pape, etc., en même temps qu'au concours de quelques souverains dont les principes de la prétendue réforme légitimaient les vues ambitieuses et les instincts de cupidité et de plaisirs.

Luther poussait les princes à se rendre indépendants du pape et à s'emparer des seigneuries et des biens ecclésiastiques.

Si nous passions en revue les diverses religions, nous trouverions l'explication très naturelle de leur développement dans les mêmes causes d'ordre matériel.

Ne peut-on pas expliquer la propagation de la religion chrétienne par la communauté des biens qui fut établie entre les premiers fidèles et la charité qui les unissait et assurait le bien-être des pauvres ?

Non, et en voici la raison. D'abord la communauté des biens n'eut lieu qu'à Jérusalem, elle ne put donc avoir qu'une influence très limitée. De plus, la communauté et l'esprit de fraternelle charité suppose l'établissement déjà accompli de la religion chrétienne. La religion, en effet, ne saurait exercer une influence quelconque qu'à la condition d'exister préalablement. De plus encore, la communauté des biens pouvait séduire les pauvres, mais elle aurait dû écarter les riches. Or, la mise en commun des biens suppose des conversions de riches. Il faut donc attribuer à un autre mobile qu'à l'appât du bien-être l'établissement premier, et la propagation de la religion chrétienne. A l'origine, les habitudes de charité qui s'établirent parmi les premiers chrétiens furent un effet, et non pas un principe de conversion.

ARTICLE II

Preuve tirée de la conservation de la religion

Comment prouvez-vous la divinité de la religion chrétienne par sa conservation ?

En étudiant, comme nous l'avons fait à propos de sa propagation, le fait de cette conservation, ses caractères et sa cause.

§ 1er. LE FAIT

Il est inutile de s'arrêter au fait de sa conservation. La religion chrétienne existe depuis Jésus-Christ sans interruption, et aujourd'hui elle est celle de plus de quatre cents millions d'hommes. Remarquons que c'est chez les nations les plus éclairées et les plus civilisées qu'elle a établi son règne. L'Eglise catholique à elle seule surpasse, par le nombre de ses adhérents, toutes les sectes chrétiennes réunies. Elle compte plus de deux cents millions d'âmes.

§ 2. LES CARACTÈRES

En quoi consistent les caractères particuliers de la conservation de la religion chrétienne ?

Ils consistent en ce que la religion chrétienne dut triompher, pour se maintenir comme pour se propager, de difficultés intrinsèques et extrinsèques insurmontables aux seules forces humaines.

Quelles sont les difficultés intrinsèques ?

Les mêmes que celles qui s'opposèrent à sa propagation : ses dogmes, dont plusieurs sont incompréhensibles, l'austérité de sa morale, l'absence de récompenses sensibles et immédiates, mais, comme seul appui de cette morale, l'unique perspective de biens invisibles et réservés à l'autre vie.

Quelles sont les difficultés extrinsèques ?

Elles sont de toutes sortes et l'on peut dire qu'elles

ont revêtu un caractère d'universalité absolue qui se fit remarquer *dans le temps* : depuis son origine jusqu'à nos jours, la religion, en effet, n'a jamais cessé d'être attaquée. Elle vit se lever contre elle les juifs, les gentils, les barbares, les mahométans, les hérétiques, les schismatiques, les incrédules, et une foule de sociétés secrètes. Les princes orthodoxes eux-mêmes, tout en l'entourant de leurs égards et de leur protection, tentèrent souvent de s'en faire un instrument de règne, et de modifier sa constitution primitive et essentielle ; *dans les moyens* : tout fut mis en œuvre, puissance, richesse, science, calomnie, astuce, corruption, violence, mensonge, sarcasme ; *dans les choses attaquées :* pas un dogme, pas un seul point de sa morale, de sa discipline, de ses cérémonies qui n'ait subi les assauts de la force ou de la critique la plus sévère.

Ajoutez les fautes réelles de ses propres membres, fidèles et pasteurs, cause de scandale et de déconsidération ; la diversité de mœurs et l'hostilité qui règnent entre un grand nombre de nations, les guerres qui surgissent entre elles, toutes choses très propres à éloigner et à détacher de la religion.

§ 3. LES CAUSES

Quels sont les moyens humains qui ont été opposés à tant d'obstacles ?

La patience et le dévouement d'un nombre d'hommes relativement très restreint, prêtres ou simples fidèles.

Montrez que l'Eglise n'aurait pu se conserver sans une intervention spéciale de Dieu.

On peut très justement la comparer, dans sa vie à travers les âges, à un bataillon formé d'un nombre très minime de soldats presque sans armes, qu'attaquerait une armée innombrable habilement dirigée et pourvue d'abondantes munitions de guerre. Tout bataillon, dans de telles conditions, fût-il composé de héros, doit, en dépit de sa bravoure, finir par succomber. — Je veux bien que, du côté de l'Église, il y eut l'intelligence en même temps que le dévouement ; mais l'intelligence, l'audace et la persévérance ne firent jamais défaut à ses ennemis, pas plus que le grand nombre des soldats et l'abondance des armes. Les moyens naturels de résistance de l'Église furent donc généralement et presque partout inférieurs aux moyens employés à la combattre. Si Dieu l'avait laissée à la seule garde du petit nombre de ses défenseurs visibles et de leurs seules ressources naturelles, elle aurait dû, comme toute force humaine, disparaître sous les attaques d'une force supérieure, savoir l'immense et indomptable conjuration ourdie contre elle. Si elle est encore debout, telle que Jésus-Christ l'a constituée, vivante et forte comme à l'origine, c'est que Dieu l'a particulièrement protégée ; d'où la conclusion qu'elle est d'origine divine (1).

Ne peut-on pas expliquer la conservation de l'Église par la puissance que lui donne le principe d'autorité dont son fondateur l'a pourvue ?

Assurément Dieu a gratifié l'Église d'une merveilleuse constitution sociale. Mais le principe d'autorité qui est en elle, *dès l'instant qu'on le considère comme cause naturelle*, n'explique pas sa conservation. En effet :

1° L'autorité, à titre de force naturelle, a toujours existé également parmi les ennemis de l'Église, et comme, en même temps que cette force, ceux-ci ont possédé toutes les ressources humaines imaginables, on ne voit point comment ils n'auraient pas triomphé de la résistance de l'Église.

2° En recourant, dans la circonstance, au principe d'autorité, on recule la difficulté, sans la résoudre. Admettons que ce principe explique la puissance de l'Église ; mais, lui-même, comment l'expliquer ? Vous le supposez universellement accepté des fidèles, vous admettez qu'il a jeté de profondes racines dans leur esprit et leur cœur : mais cette obéissance, où en est

____

(1) C'est par suite de la conscience que l'Église possède de l'infériorité de ses moyens de propagande et de résistance, que, sans cesse, elle appelle le secours de Dieu à son aide, surtout aux époques où ses ennemis l'attaquent le plus violemment.

la raison ? Est-il naturel que des hommes, en nombre infini, de toute condition, de toute nationalité, de tout caractère, de toute éducation, se soumettent librement et humblement à un pouvoir qui propose à croire des vérités *dont beaucoup sont incompréhensibles*, et commande des actes le plus souvent *en opposition avec les inclinations de la nature* ?

Ignore-t-on d'ailleurs que ce pouvoir n'a jamais cessé d'être en butte aux assauts d'adversaires acharnés et puissants qui, à considérer les choses humaines, avaient toutes chances de le renverser ?

Ne voulut-on pas voir l'intervention divine dans le fait même de la conservation de l'Eglise, elle serait dans l'acceptation et la durée de cette autorité qui est sa force.

N'y a-t-il pas lieu d'opposer à la conservation de la religion catholique celle de plusieurs autres religions ?

Nullement, pour ce motif que *les caractères* propres à la conservation de la religion catholique ne se retrouvent en aucune façon dans la conservation des autres religions. Il n'y en a pas une seule, en effet, dont la morale ne soit, pour la nature, d'une complaisance extrême. Les pratiques qu'elles commandent sont également conformes aux penchants naturels. Ce sont souvent, comme chez les infidèles, les spectacles, les jeux, la débauche. De plus, tous s'appuient sur le pouvoir civil, à la discrétion duquel elles s'abandonnent aisément, et dont elles servent le despotisme et les excès de toutes sortes. Dans ces conditions, quel intérêt, individus et gouvernement auraient-ils à quitter leurs religions respectives ?

Quant au protestantisme tout particulièrement, où en est aujourd'hui sa doctrine, sa discipline, sa vie intérieure ? Ne peut-on pas dire qu'il a vécu comme religion, et qu'il ne tient plus que comme intérêt politique ? Ne peut-on pas en dire autant du schisme russe ? Enlevez à ces hérésies l'appui du pouvoir civil, et, avant quelques années, il n'en restera plus rien. Que l'on cesse au contraire de persécuter l'Église catholique, ne lui laissât-on que la seule liberté, on ne tardera pas à la voir se développer, grandir et arriver au comble de la prospérité.

La durée, dans les conditions où a vécu l'Eglise catholique, est un fait unique dans l'histoire. Depuis l'origine du monde, aucune école philosophique, aucune institution humaine, aucune religion ne surmonta et ne subit même jamais d'aussi terribles et d'aussi continuels assauts.

ARTICLE III

Preuve de la divinité de la religion chrétienne tirée de son efficacité moralisatrice

Montrez que l'efficacité moralisatrice de la religion chrétienne prouve la divinité de son origine ?

Il suffit, comme dans les thèses précédentes, d'établir le fait de cette influence moralisatrice et d'en étudier les caractères et les causes.

§ 1. LE FAIT

Comment établissez-vous le fait de l'efficacité moralisatrice de la religion chrétienne ?

En montrant, d'une part, la corruption des mœurs publiques et privées à l'époque de Jésus-Christ, de l'autre, les vertus qui se sont propagées partout où fut prêché l'Évangile. L'Écriture sainte, les Pères, les écrivains profanes, les apologistes chrétiens nous donnent, à ce sujet, des détails tellement positifs et tellement circonstanciés qu'aucun doute, dans cette question, ne peut subsister.

Voici le triste tableau que saint Paul nous fait de l'état des mœurs dans le monde païen, quand parut la bienfaisante lumière de l'Évangile : « Les hommes sont « remplis de toute sorte d'injustice, de méchanceté, « de débauches, d'avarice, de malignité ; ils sont « envieux, assassins, querelleurs, trompeurs ; ils sont « corrompus dans leurs mœurs, semeurs de faux « rapports, calomniateurs, ennemis de Dieu, outrageux, « superbes, altiers, inventeurs de crimes nouveaux, « désobéissants à leurs pères et à leurs mères, sans

« prudence, sans tenue, sans cœur, sans fidélité dans
« les engagements, sans pitié pour ceux qui souffrent (1).

Or, à cette société d'hommes livrés à tous les vices,
Jésus-Christ a substitué comme une race nouvelle :
« Tout, dit saint Augustin, a été renouvelé, rapports
« entre pères et enfants, maris et femmes, maîtres et
« serviteurs, rapports de frères à frères, de parents à
« parents, de citoyens à concitoyens, de nations à
« nations, de rois à peuples, de peuples à rois (2) ».
« On a envisagé, écrivait saint Justin, sous un jour
« nouveau le plaisir, la magie, la richesse, les haines,
« le meurtre (3) ». Écoutons Pline le Jeune : « Le crime
« des chrétiens, c'est de se réunir avant le lever du
« jour et de s'engager par serment à ne commettre
« aucun crime, ni vol, ni violence, ni impuretés, ni
« parjure (4) ». « Constatons, dit Julien l'apostat, la
« bienveillance des chrétiens pour les étrangers, le
« soin qu'ils apportent dans la sépulture des morts,
« leur sainteté. Aucun juif ne mendie, et les galiléens
« étendent leurs aumônes, non seulement à leurs
« frères, mais aux païens (5) ».

Pour achever de montrer l'influence du Christianisme
sur les mœurs, disons que partout où pénètre la religion chrétienne, quel que soit le degré de barbarie et
d'abaissement moral qui existe, on voit s'opérer chez
ses adhérents la même transformation morale. On peut
dire que, dans nos sociétés chrétiennes, catholiques ou
protestantes, la vie morale est proportionnée au degré
de christianisme conservé.

§ 2. LES CARACTÈRES

*En quoi consistent les caractères propres à l'efficacité
moralisatrice du christianisme ?*

Ils consistent en ce que, d'une part, le christianisme
est capable de tirer l'homme des *dernières profondeurs.*

(1) Aux Romains, I.
(2) De moribus Ecclesiæ, c. 8.
(3) Apolog. I, n° 14.
(4) A Trajan, I, 10, épît. 97.
(5) Apud. Sozomen. L. 5, c. 26.

du vice, de l'autre, de l'élever jusqu'à une hauteur de vertu inconnue de ceux qui sont soustraits à son influence, *à l'héroïsme de la sainteté ;* et, cette transformation, le christianisme peut l'opérer non seulement sur un ou quelques individus, mais sur des *multitudes d'hommes infinies.*

L'histoire profane, aussi bien que l'histoire ecclésiastique et les vies des saints disent de quel abaissement moral la religion catholique a fait sortir nombre d'individus et de peuples, et quelle floraison de charité et de douceur, de loyauté et de probité, de décence et de chasteté, de dévouement et d'abnégation, elle développe dans les nations et les familles chrétiennes, et surtout dans ces âmes d'élite, que séduit l'appel du Christ à la perfection évangélique.

Ajoutons que la vertu, dans le christianisme, n'est pas un privilège qui n'est possédé que transitoirement, elle a un caractère de stabilité merveilleuse, si bien que le niveau moral des sociétés chrétiennes, en dépit des efforts et même des succès de l'impiété reste encore infiniment supérieur à celui des peuples païens.

§ 3. LA CAUSE

Cette efficacité moralisatrice peut-elle être attribuée à une cause naturelle ?

Non et voici pourquoi : C'est un fait certain qu'il est *extrêmement difficile* en général, de tirer, sans le secours de la religion, un seul homme de ses habitudes vicieuses ; c'est un fait non moins constaté que les philosophes se sont toujours trouvés, malgré les moyens humains dont ils disposaient, science, éloquence, richesses, appui des pouvoirs publics, etc., dans *l'impuissance absolue* de faire apprécier et surtout pratiquer la vertu, des individus comme des masses. En présence, d'une part, de cette impuissance, de l'autre, de la transformation rapide, profonde, universelle, qu'a produite le Christianisme, il faut reconnaître qu'un élément nouveau est intervenu. Cet élément moralisateur si nouveau, si puissant, ne saurait provenir des causes humaines toujours si vainement essayées ; il ne peut être attribué qu'à un principe surnaturel, à Celui-là seul, qui, ayant créé les volontés, a le pouvoir de les toucher et de les diriger à son gré.

ARTICLE IV

Preuve tirée de l'héroïsme des martyrs

Comment prouve-t-on la divinité de la religion chrétienne par l'héroïsme des martyrs ?

Pour prouver la divinité de la religion chrétienne par l'héroïsme des martyrs, il faut étudier leur mort comme *fait* et comme *témoignage*. Comme fait, envisagée *dans ses caractères propres,* elle manifeste l'intervention divine ; comme témoignage, elle ne s'explique que par la vérité des faits évangéliques, dont les martyrs, ainsi que l'indique leur nom, ont été les héroïques témoins.

§ 1. LE FAIT ET SES CARACTÈRES

Quels sont les caractères propres que nous offre la mort des martyrs chrétiens ?

1° *Le nombre des martyrs.* On en compte, pour les trois premiers siècles, des centaines de mille de tout âge, de tout sexe, de toute condition, de toute nationalité. 2° *Leur fermeté :* « Les criminels et des hommes « aux corps robustes, écrivait Lactance, poussent, « durant leurs supplices, des gémissements et des cris et « sont vaincus par la douleur ; nos enfants, au con- « traire (et je ne dis rien des hommes), et même nos « femmes, quelle que soit la délicatese de leur com- « plexion, triomphent de leurs bourreaux par leur « silence. (1) » C'est même avec joie et allégresse que les martyrs chrétiens allaient au devant des plus atroces supplices. « On les accuse, dit Tertullien, ils ne se dé- « fendent pas ; on les interroge, ils avouent ; on les « condamne et ils rendent grâces au juge qui porte la « sentence (2). » 3° *Leur tranquillité d'esprit, leur*

(1) Liv. V. ch. 13.
(2) Apol. c. 1, n° 6.

modestie et la sagesse de leur langage. Ils réalisèrent cette parole du Christ qui, prophétisant les persécutions qu'auraient à endurer ses disciples, leur disait : « Je vous donnerai une sagesse à laquelle vos enne-« mis ne sauront résister et qu'ils ne pourront « contredire. » Jamais, en effet, on ne constata chez les martyrs chrétiens cette fureur, cet orgueil et cette jactance que l'on rencontre dans la plupart des hommes qui versèrent leur sang pour l'erreur. Ils allaient au supplice humblement, en priant Dieu de venir en aide à leur faiblesse. 4° *La cruauté des supplices.* On trouve à ce sujet dans l'histoire ecclésiastique et l'histoire profane, des détails à faire frémir : « C'est par les « supplices les plus raffinés, n'hésite pas à dire Tacite, « que Néron fit mourir ceux que le peuple appelle « chrétiens (1). » 5° *Le résultat* que Tertullien exprimait par ces mots : « Le sang des martyrs est une semence de chrétiens. » 6° *L'universalité du fait, quant au temps et aux lieux :* « De même que les lis de la « virginité ne cessèrent jamais de germer ni de fleurir « dans l'Eglise de Jésus-Christ, ainsi dans tous les « siècles et sur toutes les plages du monde, s'élevèrent « les roses ensanglantées du martyre (2). » Au Japon, en Afrique, comme à Rome et en Orient, et jusque dans les îles de l'Océanie, de nombreux chrétiens, prêtres et simples fidèles, donnèrent, en tout temps, leur vie pour la foi avec le même courage, le même calme, le même bonheur.

§ 2. LA CAUSE

La mort des martyrs chrétiens, dans les diverses circonstances qui la caractérisent, peut-elle être attribuée à une cause naturelle ?

Non ; car cette cause, on le sait, ne fut ni l'espoir du gain, ni l'appât des plaisirs.

Dira-t-on que ce fut le désir de la gloire ? Mais quiconque meurt pour Jésus-Christ sait bien que l'orgueil enlève le mérite du martyre. Combien, d'ailleurs,

(1) Annal. l. 15, § 44.
(2) Hurter, t. I, § 129.

périrent de faim, au fond des cavernes ou des forêts, ou dévorés par les bêtes, connus de Dieu seul ! Combien furent tués ou brûlés en masse, avec la conviction que leurs noms mêmes seraient ignorés de la postérité ! Combien se virent accablés, de leur vivant, du mépris de leurs parents, de leurs amis, et s'endormirent dans le Seigneur, au bruit des malédictions et des sarcasmes de tout un peuple furieux !

L'amour de la patrie ? Les martyrs mettaient le ciel au-dessus de la patrie de la terre.

Le respect humain ? Mais il ne peut incliner qu'à l'abandon de la foi.

L'égarement de l'esprit, le fanatisme ? Ceux-là n'ont pas l'esprit égaré et ne sont point fanatiques, en qui brillent toutes ces vertus que l'on admire dans les martyrs : le calme de l'âme, la sagesse des réponses, la modestie, la défiance à l'égard de ses propres forces, la prière continue.

L'attente illusoire des biens à venir ? Assurément l'espoir du ciel les soutenait puissamment au milieu des supplices ; mais, si l'on rencontre souvent l'erreur unie à l'opiniâtreté, jamais elle n'a engendré ces vertus solides, héroïques, sublimes, dont on chercherait en vain même l'ombre chez les philosophes païens ; une croyance erronée n'expliquera jamais le martyre, tel qu'il fleurit dans l'Eglise pendant des siècles.

Ces causes naturelles écartées, il n'en existe pas d'autres.

Reste le secours surnaturel de Dieu que Jésus-Christ avait promis à ses apôtres, quand il leur avait dit : « Vous serez mes témoins (1), vous subirez « dans le monde toutes sortes de tribulations, mais « ayez confiance, j'ai vaincu le monde (2) », c'est-à-dire : ayez confiance, parce que je vous protégerai et que le monde sera vaincu, et la victoire est tellement assurée, que vous pouvez la regarder comme déjà remportée : « *vici*, j'ai vaincu ». C'est cette pensée que l'Église de Smyrne, au second siècle, exprimait déjà, quand

(1) Saint Luc, XXIV. 48.
(2) Saint Jean, XVI, 33.

parlant du martyre de son évêque saint Polycarpe, elle disait : « Les martyrs du Christ en sont venus à ce degré d'héroïsme, qu'au milieu de leurs tourments, pas un d'eux ne laisse échapper un soupir, rendant par là manifeste cette vérité, que Dieu réside en eux et leur prête son assistance (1) ».

Ne peut-on pas objecter que bien d'autres hommes ont donné leur vie pour la défense de causes humaines ?

Nullement ; car la force de l'argument tiré des martyrs chrétiens ne réside pas dans le seul fait d'hommes mourant pour leur religion, mais dans ce fait considéré avec tous ses caractères. Or, nulle cause humaine ne peut opposer aux martyrs chrétiens des martyrs qui offrent les mêmes caractères *de nombre, d'âge, de variété dans la condition et la nationalité ; de modestie, de liberté dans l'acceptation de la mort ; de calme et de douceur dans les supplices.*

Les hommes qui meurent pour des causes humaines ou bien n'ont pas la liberté d'échapper à la mort, ou succombent les armes à la main, à la manière de soldats ordinaires, ou n'offrent pas les caractères de calme, de modestie, et de sagesse que l'on constate chez les martyrs chrétiens, ou enfin ne sont qu'en très petit nombre.

§ 3. LA MORT DES MARTYRS CONSIDÉRÉE COMME TÉMOIGNAGE

Montrez que la mort des martyrs prouve la divinité de la religion chrétienne, à titre de témoignage.

Le témoignage n'a de valeur qu'autant qu'il rapporte des faits. Or, dans le cas présent, *il s'agit de faits* et de *faits très apparents,* des miracles, entre autres, qui étaient pour les martyrs la raison déterminante de leur foi à la divinité de la religion chrétienne : miracles de Jésus-Christ, miracles des apôtres.

Les martyrs ont-ils été trompés, nous ont-ils trompés ? Toute la question est là. Si nous la résolvons négativement, il devient évident que leur mort, en

____

(1) Epitre du martyre de Saint Polycarpe, n° 2.

nous garantissant la réalité des miracles évangéliques, nous démontrera, par là même, la divinité de la religion chrétienne.

1° *Les martyrs n'ont pas été trompés.* Les faits dont ils attestent la réalité, ils les ont vus de leurs propres yeux, ou les ont appris par la tradition. Or, comment supposer raisonnablement que tant de millions d'hommes n'aient pas été amenés, tout au moins par la crainte des supplices et de la mort, soit à examiner sérieusement des faits qui étaient pour eux d'une importance souveraine, soit à peser la valeur de la tradition qui les leur transmettait?

2° *Ils ne nous ont pas trompés.* Nul, en effet, ne ment contre son propre intérêt. Du reste, eussent-ils voulu tromper, qu'ils n'auraient pu le faire. Comment des hommes si différents de nationalité, de condition, d'âge et d'intérêts, séparés souvent par de longs intervalles de temps et de lieu, auraient-ils pu s'entendre pour soutenir uniformément, jusqu'à l'effusion du sang, les mêmes récits mensongers?

Ajoutons, pour établir plus complètement encore la différence qui existe entre les martyrs chrétiens et ceux que certaines sectes se vantent de posséder, que ces derniers n'affirmaient leur croyance qu'à des idées purement subjectives (1), tandis que les premiers se posaient en témoins de *faits matériels* et, partant, d'une constatation facile.

(1) Perrone, de Relig c. IV, p. 5.

CHAPITRE VI

Histoire sommaire de la Révélation divine

Aperçu général

« Dieu, est-il écrit dans la Sainte Écriture, nous a
« parlé par son Fils. (1) »

Nous avons prouvé, dans les pages qui précèdent, la
vérité de ce texte de saint Paul, et nous savons que
cette parole divine apportée par Jésus-Christ est ce
qu'on a appelé la révélation chrétienne, la religion
chrétienne. Mais l'apôtre avait dit d'abord : « Dieu
« ayant parlé autrefois à nos pères en diverses occasions
« et en diverses manières ». (2) La voix de Dieu avait
donc retenti déjà précédemment à l'oreille de l'humanité. Combien de fois s'était-elle fait entendre ? De
quelles lumières avait-elle inondé le monde ? Qui
avait eu l'honneur de recevoir les communications
divines immédiates et de les transmettre aux hommes ?

Telles sont les questions qui se posent et auxquelles
nous allons répondre dans les lignes qui suivent.

*Combien compte-t-on de phases distinctes dans la
révélation divine ?*

On en compte trois : 1° La révélation patriarcale ou
primitive ; 2° la révélation mosaïque ; 3° la révélation
chrétienne.

*Ces trois révélations sont-elles trois révélations diffé-
rentes ?*

Nullement, elles ne sont qu'une seule et même révélation d'une seule et même religion dont Dieu avait, de
toute éternité, conçu le plan, mais que, dans son infinie
sagesse, il jugea bon de manifester aux hommes par
des enseignements successifs. « Une même lumière,
« dit Bossuet, nous paraît partout ; elle se lève sous

(1) Aux Hébreux, I. 1.
(2) Aux Hébreux, I. 1.

« les patriarches ; sous Moïse et les prophètes, elle
« s'accroît ; Jésus-Christ, plus grand que les patriar-
« ches, plus autorisé que Moïse, plus éclairé que tous
« les prophètes, nous la montre dans sa plénitude. » (1).

ARTICLE I

De la révélation patriarcale ou primitive

*Qu'entend-on par la révélation patriarcale ou
primitive ?*

On entend par la révélation patriarcale ou primitive
celle qui fut faite d'abord à Adam et à Ève, dans le
paradis terrestre, avant leur désobéissance, et ensuite
à nos premiers parents, après la chute, et aux patriarches, leurs descendants, jusqu'à Moïse.

Quatre siècles avant Moïse, comme les vérités révélées s'effaçaient dans l'esprit des hommes, « Dieu se
« sépara un peuple élu », qu'il institua le gardien,
parmi les nations, de son divin enseignement (2). Ce
peuple, dont le patriarche Abraham fut le père, est
désigné dans l'histoire sous les noms de peuple *hébreux* (3), *israélite* (4) ou *juif* (5). D'abord établi dans
la terre de Chanaan, il passa en Égypte au temps du
patriarche Joseph, y demeura plus de deux cents ans (6)
et revint en Palestine sous la direction de Moïse, vers
le commencement du quinzième siècle avant Jésus-
Christ.

*Quel était l'objet de la révélation patriarcale ou pri-
mitive ?*

La révélation patriarcale ou primitive enseigna
l'existence de Dieu, être éternel, tout puissant, unique,

(1) Discours sur l'Histoire universelle.
(2) 1921, Chronologie vulgaire suivie par Bossuet.
(3) Du nom d'Héber, un des ancêtres d'Abraham.
(4) Du mot Israël, surnom donné par l'ange du Seigneur
à Jacob. (Genèse, xxxii. 28.)
(5) Ἰουδαῖοι, Judæi, nom des habitants du royaume de
Juda appliqué à tout le peuple.
(6) De 1706 à 1491 (Bossuet, Hist. univ.). La Chronol.
bénédict. l'y fait rester 400 ans environ, de 2076 à 1645.

bon, juste et infiniment parfait ; la création du monde et de l'homme ; l'action de la Providence divine ; l'existence de l'âme humaine, substance spirituelle, libre et immortelle ; l'existence de bons et de mauvais anges ; la chute de nos premiers parents et la transmission du péché originel ; la venue future d'un libérateur qui réparerait la chute ; la nécessité du culte religieux et en particulier la sanctification du septième jour de la semaine par le repos ; l'unité et l'indissolubilité du mariage ; l'obligation des sacrifices ; l'interdiction du meurtre ; la résistance aux mauvaises passions ; l'existence d'une autre vie, heureuse pour les bons, malheureuse pour les méchants, etc.

Pourquoi appelle-t-on quelquefois cette révélation la loi de nature ?

On appelle cette révélation la *loi de nature*, afin de la distinguer de la *loi écrite* qui fut donnée plus tard. Les dogmes et les préceptes, en effet, qui en étaient l'objet n'étaient pas fixés et conservés par écrit comme le furent les vérités et les lois divines de l'époque suivante. C'était de vive voix et par tradition que les hommes se les transmettaient de génération en génération.

On donne encore comme raison de cette dénomination que la plupart des dogmes et des préceptes de la religion patriarcale, tout révélés qu'ils aient été, appartiennent, les premiers aux vérités qui sont par elles-mêmes accessibles à la raison ; les seconds, à la loi naturelle que Dieu a gravée dans la conscience de l'homme

Mais il ne faudrait pas croire que, si la révélation patriarcale a reçu le nom de loi de nature, c'est qu'elle n'a point eu Dieu pour auteur, et que la religion qu'elle enseigna n'eût pour objet que les vérités et les devoirs que découvrit la seule raison.

En fait, jamais l'homme n'a été abandonné, sous le rapport religieux, aux lumières de sa seule raison. Dès le premier instant de son existence, en même temps qu'il fut destiné au bonheur surnaturel, Dieu lui parla directement et lui apprit quelles vérités il devait croire et quels devoirs il devait pratiquer.

Comment connaissons-nous la révélation patriarcale?

Nous la connaissons principalement par le premier de nos Livres sacrés, la Genèse. Une foule de preuves tirées des traditions juives et de l'histoire profane en confirment le récit.

ARTICLE II

De la Révélation mosaïque

Qu'entendez-vous par la Révélation mosaïque?

Celle que Dieu a faite par l'intermédiaire de Moïse.

Les lumières de la révélation primitive avaient continué de s'obscurcir dans l'esprit humain, et le peuple juif lui-même perdait, au contact des nations infidèles, les pures notions qu'il tenait de Dieu.

Pour empêcher que l'erreur n'achevât d'envahir toute la terre, Dieu intervint de nouveau. Il choisit Moïse pour être son interprète auprès des juifs, ses compatriotes, et relever parmi eux la connaissance des vérités fondamentales de la religion et de la morale. « Cette fois, dit Bossuet, Dieu résolut *d'écrire* sur la « pierre ce que l'homme ne lisait plus dans son cœur. » « Les temps de la *loi écrite* commencent (1). » On les appelle ainsi « pour les distinguer du temps précédent « qu'on appelle temps de la loi de nature, où les « hommes n'avaient pour se gouverner que la raison « naturelle ou les traditions de leurs ancêtres (2). »

Après Moïse, Dieu suscita encore avant la venue de Jésus-Christ des écrivains sacrés et spécialement des hommes appelés *prophètes*, qui conservèrent intactes les vérités révélées antérieurement, et, sous l'inspiration du Ciel, les expliquèrent et les complétèrent.

On donne encore à la révélation mosaïque le nom de révélation *juive*, parce que c'est presque exclusivement à des juifs (Moïse et les prophètes) que Dieu la communiqua directement et qu'elle s'adresse tout spécialement à la nation juive.

(1) Avant J.-C., 1491.
(2) Histoire univ. de Bossuet. — Ces traditions avaient la révélation divine pour principe.

Quel fut l'objet de la révélation mosaïque ?

1° La révélation mosaïque ou juive *rappela* les vérités d'ordre naturel et les dogmes d'ordre surnaturel de la révélation patriarcale que nous avons énumérés ci-dessus et *les mit plus vivement en lumière.*

2° Elle *confirma* et *perfectionna* la morale naturelle : « Dieu, dit Bossuet, écrivit de sa propre main sur deux « tables, qu'il donna à Moïse, au haut du mont Sinaï, « le Décalogue ou les dix commandements, qui con- « tiennent les premiers principes du culte de Dieu et « de la société humaine (1). » La révélation mosaïque ou juive flétrit l'injustice, la paresse, l'impureté et tous les vices ; elle condamne l'esclavage dans ses carac- tères odieux, recommande l'amour de Dieu, la charité envers le prochain, le respect mutuel des époux, le soin des enfants, des pauvres et des étran- gers. Elle donne des préceptes sur tout ce qui concerne le culte, savoir : le sacerdoce ; les fonctions sacrées ; les cérémonies ; le Tabernacle et l'arche sainte qui, alors, constituaient comme le temple des juifs ; elle règle même presque tout le détail de la vie individuelle et sociale.

De là le nom de Théocratique donné au gouverne- ment des juifs. Toutes leurs lois religieuses ou civiles leur venaient, en effet, directement de Dieu ; de là aussi la supériorité de ces lois sur toutes les législations antiques.

3° L'objet le plus important de la révélation juive fut de prophétiser avec une précision jusqu'alors inconnue, la venue du Messie, déjà annoncée à nos premiers parents et aux patriarches. A partir de cette époque, l'idée et l'attente du Messie devient le fond de toute la religion juive. Tout le présage et le symbolise, Moïse et les prophètes, les fêtes et les cérémonies. On peut dire que la religion juive est l'emblème, l'ébauche du christianisme. Grâce à la dispersion des juifs par tout l'univers, elle prépare le monde entier à recevoir le Législateur suprême, qui donnera à la religion sa forme définitive et parfaite.

(1) Histoire universelle.

Comment connaissons-nous la révélation mosaïque ?

Par l'Exode, le Lévitique, les Nombres, le Deutéronome. Ces livres nous viennent de Moïse lui-même.

Les autres livres de l'Ancien Testament nous en fournissent le commentaire et le complément.

On connait aussi les vérités et les préceptes de la révélation mosaïque par la tradition orale qui existait chez les juifs et dont le sanhédrin fut, jusqu'à Jésus-Christ, le dépositaire et le gardien autorisé. (1)

Quinze cents ans environ après la révélation faite à Moïse, avait lieu la *révélation chrétienne*, qui donna naissance à la religion chrétienne.

En quoi la religion chrétienne se distingua-t-elle de la religion mosaïque ?

1° En ce qu'elle abandonna les observances typiques et cérémonielles.

Du jour où le Rédempteur et l'Eglise qu'elles figuraient avaient paru, les premières observances n'avaient plus de raison d'être. Quant aux secondes, elles étaient nationales et n'avaient pour but que de distinguer les descendants d'Abraham des autres peuples, de les en tenir séparés, et de les préserver de la contagion de l'idolâtrie. Plusieurs étaient locales et ne se comprenaient que dans les étroites limites de la terre de Chanaan, à titre souvent de mesures simplement hygiéniques. Beaucoup ne pouvaient être que temporaires, incapables qu'elles étaient de produire la grâce par elles-mêmes et exposées, dans d'autres temps et d'autres circonstances, à paraître puériles.

2° En ce qu'elle éclaira d'une lumière plus vive les vérités déjà révélées (2), offrit à notre foi certains dogmes nouveaux qui résultent du fait de l'Incar-

(1) Drach. Harmonie entre l'Eglise et la Synagogue. Préface.

(2) Le mystère de la Sainte Trinité, le dogme de l'immortalité de l'âme, etc.

nation, et de l'établissement de l'Église (1), proclama la nécessité de revenir à la pratique de lois morales que la perversité avait fait abandonner (2), enseigna un idéal de vertu précédemment inconnu (3), et mit l'homme en possession des sacrements, moyens merveilleux qui par eux-mêmes effacent les péchés et produisent la grâce.

3° Ajoutons que la religion chrétienne montra Dieu sous un jour nouveau. Ce Dieu terrible que les juifs redoutaient de voir dans la crainte de mourir, devint le Dieu d'amour qui appelle à lui tous ceux qui travaillent et qui souffrent.

Enfin, de *domestique* qu'était la religion sous les patriarches, de *nationale* qu'elle était sous les juifs, elle devint *universelle* avec Jésus-Christ. C'est à *toutes les nations,* à *l'univers entier* que le divin Sauveur commanda d'annoncer l'Évangile.

En terminant cette étude très sommaire des diverses phases par lesquelles passa la révélation divine, nous répéterons ce que nous disions en la commençant, savoir qu'elles ne sont que des enseignements successifs de plus en plus clairs, de plus en plus complets, d'une seule et même religion, si bien que la religion chrétienne n'est autre que la religion patriarcale et la religion mosaïque arrivées au dernier terme de leur développement (4).

Saint Augustin au iv° siècle proclamait déjà cette vérité comme le fit Bossuet au xvii°. « La même religion, « dit le grand Évêque d'Hippone, que nous appelons « maintenant *religion chrétienne,* était déjà celle des « siècles anciens. Déjà son règne durait depuis les « jours de nos premiers parents, lorsque le Verbe se fit « chair et se manifesta au monde. Cet événement ne

(1) L'Immaculée Conception de la Sainte-Vierge, la présence de N.-S. dans la Ste Eucharistie, l'infaillibilité du Pape, etc.
(2) L'unité et l'indissolubilité du mariage.
(3) Les conseils évangéliques.
(4) Drach. Harmonie entre l'église et la synagogue, p. 5.

« lui apporta, au fond, d'autre changement qu'une
« dénomination nouvelle. La vraie foi donc, qui
« existait depuis les premiers temps, commença alors
« à s'appeler *religion chrétienne* afin d'annoncer à toute
« la terre que le *Christ*, pour nous ouvrir le royaume
« du ciel, est venu accomplir la loi et les prophètes,
« bien loin de les abolir. » (1)

(1) Retract. I. XIII. 3°

TABLE DES MATIÈRES

LIVRE Ier

De la Religion en général

CHAPITRE Ier

Définitions préliminaires

CHAPITRE II

Nécessité de la Religion

Notions préliminaires

ARTICLE Ier

La Religion est essentiellement obligatoire pour l'homme individuel

ARTICLE II

Nécessité du culte intérieur et du culte extérieur

ARTICLE III

La Religion est la source de toutes les autres obligations morales

ARTICLE IV

La Religion est essentiellement obligatoire pour la société civile

ARTICLE V

La Religion est nécessaire à la stabilité de la société

ARTICLE VI

Institutions qui découlent du culte extérieur et public

CHAPITRE III

De la Révélation

Article 1er

Nature et objet de la Révélation

Article II

Possibilité de la Révélation

§ 1er. DE LA RÉVÉLATION EN GÉNÉRAL

§ 2. DE LA RÉVÉLATION DES MYSTÈRES

§ 3. DE LA RÉVÉLATION DES PRÉCEPTES

ARTICLE III

Utilité de la Révélation

ARTICLE IV

Nécessité de la Révélation

CHAPITRE IV

Unité de la Religion

ARTICLE Ier

Il ne peut exister qu'une seule vraie religion

CHAPITRE VI

Des Miracles et des Prophéties

ARTICLE Ier

Du Miracle

§ 1er. NATURE DU MIRACLE

§ 2. POSSIBILITÉ DU MIRACLE

§ 3. POSSIBILITÉ DE VÉRIFIER L'EXISTENCE DES MIRACLES

§ 4. FORCE DÉMONSTRATIVE DU MIRACLE

ARTICLE II

De la Prophétie

§ 1er. NATURE DE LA PROPHÉTIE

LIVRE II

Divinité de la révélation chrétienne

CHAPITRE 1er

Notions préliminaires sur les livres saints

CHAPITRE II

Autorité historique du Nouveau Testament

ARTICLE 1er

Authenticité des livres du Nouveau Testament

§ 1er. PREUVE TIRÉE DES TÉMOIGNAGES

§ 2. PREUVE TIRÉE DES CARACTÈRES INTRINSÈQUES DU NOUVEAU TESTAMENT

§ 3. PREUVE TIRÉE DE L'IMPOSSIBILITÉ D'UNE SUPPOSITION

Article II

Intégrité des livres saints

Article III

Véracité des livres saints

CHAPITRE II

Principales objections des rationalistes contre l'autorité historique du Nouveau Testament

Article Ier

Objection tirée des miracles

ARTICLE II

Objection tirée des variantes

ARTICLE III

Objection tirée des livres apocryphes

ARTICLE IV

Appréciation générale des attaques des rationalistes modernes contre l'autorité historique de nos livres saints.

CHAPITRE III

Des Miracles évangéliques

ARTICLE Ier

Division des Miracles évangéliques

§ 1er. MIRACLES OPÉRÉS PAR NOTRE-SEIGNEUR SUR LA NATURE INANIMÉE

§ 2. MIRACLES OPÉRÉS PAR NOTRE-SEIGNEUR SUR LES HOMMES

CHAPITRE IV

Des prophéties de Jésus-Christ

ARTICLE Ier

Énumération des prophéties de Jésus-Christ

ARTICLE II

Critique des prophéties de Jésus Christ

CHAPITRE V

Autres preuves de la divinité de la religion chrétienne

NOTIONS PRÉLIMINAIRES

ARTICLE Ier

Preuve tirée de la propagation de la religion chrétienne

§ 1er. LE FAIT

§ 2. LES CARACTÈRES

§ 3. LES CAUSES

Blois, imp. C. MIGAULT et Cie, rue Pierre-de-Blois, 14.